JALパイロットが実践

ノンテクニカルスキルの磨き方

最適な行動のための思考術と対人術

日本航空

はじめに

人生は選択の連続です。

日々の暮らしはもちろん、目標に向かって進むときも、将来について考えるときも、過去から学ぶときも……。適切な選択をもとに行動することができれば、人生はより豊かで学びに満ちたものになるでしょう。

もちろん人生では、ときに最適でない選択をしたり、壁にぶつかって挫折を経験することもあります。常に正しい道を進むことは誰にもできませんし、目標を見失ってしまうことも、何をすれば良いのかわからなくなる瞬間もあるかもしれません。

そんなときに何よりも大切なのは、どのような状況に置かれていても諦めずに軌道修正を繰り返し、より良い未来に向かって進み続けること。そのためには、自分自身で思考する力や仲間と助け合う力が大きな武器になるはずです。

本書の目的は、パイロットの思考術と対人術をお伝えすることです。

多くのお客さまの命を預かるパイロットは、航空機を操作する技術や知識だけでなく、誤った選択を避けて仲間とともに適切な行動をしていくための思考術や対人術を身につけています。

私たちはこの思考術と対人術を**ノンテクニカルスキル**と呼び、5項目に体系化しています。

- **■シチュエーショナル・アウェアネス＝今と未来を読む技術**
- **■ディシジョン・メイキング＝問題解決につながる判断の技術**
- **■ワークロード・マネジメント＝作業負荷をマネジメントする技術**
- **■チーム・ビルディング＝チームを形成する技術**
- **■コミュニケーション＝伝える技術・聴く技術**

本書では、これらの技術の具体的な内容や身につけ方、人生に活かすためのポイントを、現役パイロットのフライトでの実体験をふまえたエピソードとともにご紹介します。

刻々と変化する環境のなかで、仲間とともに的確な選択を行い、最適な行動につなげてゆく。そして挫折があっても立ち上がり、修正を重ねながら挑戦を続ける。そのような力は、人生のさまざまな局面で役立つ能力となってくれるはずです。

日本航空のパイロットがプロフェッショナルとして磨いてきた思考術と対人術が、読者の皆さまの人生の糧となることを願っています。

Profile

立岡 孝弘 タツオカ タカヒロ

日本航空株式会社
777運航乗員部 機長
運航企画部リソース戦略グループ

1993年度入社。
自社養成制度での訓練を経て、
ボーイング777型機にて
副操縦士に昇格。
機長昇格後は、米国フェニックス
訓練所の開設をはじめ、
飛行訓練教官および技能確認者として
従事した後、
パイロットの採用に携わる。
また、現在は桜美林大学で
客員教授としてパイロットの育成支援に
かかわるなど、豊富な経験を持つ。

金原 基樹 カネハラ モトキ

日本航空株式会社
787運航乗員部 副操縦士
兼務 運航企画部リソース戦略グループ

2008年度入社。
自社養成制度での訓練を経て、
ボーイング737型機にて
副操縦士に昇格。
現在はボーイング787型機にて
国内線、国際線に乗務しながら
パイロットの採用業務に携わる。
経営破綻による訓練中断時期は、
地上勤務としてお客さまサポート室や
路線計画部に所属。
その経験を活かし、運航のみならず
幅広い視野で業務に従事している。

Contents

第2章

問題解決につながる判断の技術

ディシジョン・メイキング

プロローグ

安全な空の旅のために

お客さまを乗せて、世界中の空を旅する航空機。その運航の最終責任者であるパイロットの使命は、安全なフライトを行うことにあります。そのためにパイロットはさまざまな訓練や実務経験を積み重ね、安全運航にかかわるスキルを磨いています。

では、パイロットに求められるスキルとは、どのようなものでしょうか？

法律や規則に従ってフライトを計画したり、複雑な計器類が並ぶコックピットで航空機を操縦したり……。パイロットを、高度な専門スキルを持った職人気質な職業と考えている方もいるかもしれません。もちろんそれもパイロットという仕事の一面ですが、実はそれだけではないのです。フライトの最終責任者となるパイロットは、客室乗務員や整備士、管制官など、さまざまな職種の人々で構成される一つのチームをまとめるリーダーとしての役割を担っています。そのため、航空機の内外で起こっている事象を**認識する力**や、状況に応じた適切な**判断をする力**、チームとしての**コミュニケーション力**などが必要とされます。

図1 パイロットに必要なスキル

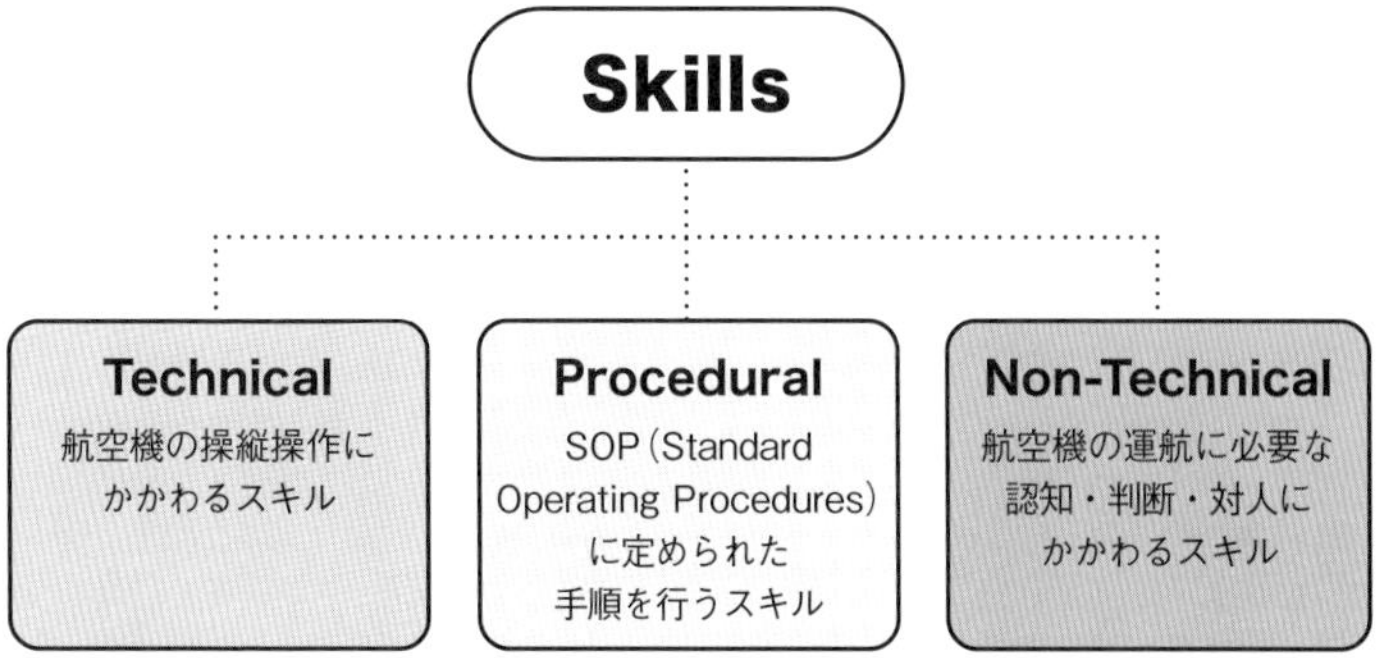

つまりパイロットには、航空機という乗り物を操縦するための専門的な技術・知識だけでなく、チームで安全運航を実現するための認知スキル・対人スキルが求められているのです。

日本航空では、この**認知スキル・対人スキルを**〈**ノンテクニカルスキル**〉と呼んでいます。パイロットはこれらのスキルを、一つ一つ体系化して習得することで、プロフェッショナルとしての思考術と対人術を身につけています。

パイロットに求められる3つのスキルとは

ここからは、パイロットに必要なスキルについて説明します。

日本航空では、図1のように〈**テクニカルスキル**〉、〈**プロシージャルスキル**〉、〈**ノンテクニカルスキル**〉の3タイプに分類しており、それぞれが等しく大切な能力だと考えています。

テクニカルスキルとは、航空機の操縦操作にかかわるスキルのことです。操縦の自動化が進んでいるとはいえ、自らの手で操縦し、安全な飛行や離着陸を行うスキルをパイロットは身につけています。

プロシージャルスキルとは、国が認可する運航規程や航空機メーカーが定める標準業務手順書（SOP）に定められた手順に沿って操縦を行うスキルのこと。出発前の準備からエンジンの始動、離陸、巡航、着陸、そして到着まで、さまざまなシーンで定められた手順を正確に行うことで、フライトの安全性を高めます。

ノンテクニカルスキルは、2人のパイロットが連携して安全に運航業務を遂行するために必要な認知、判断、および対人などに関するスキルの総称です。図2のとおり、ノンテクニカルスキルは5つの要素で構成されています。

■シチュエーショナル・アウェアネス＝今と未来を読む技術

■ディシジョン・メイキング＝問題解決につながる判断の技術

図2　**ノンテクニカルスキル**

Situational Awareness **シチュエーショナル・アウェアネス**	今と未来を読む技術
Decision Making **ディシジョン・メイキング**	問題解決につながる判断の技術
Workload Management **ワークロード・マネジメント**	作業負荷をマネジメントする技術
Team Building **チーム・ビルディング**	チームを形成する技術
Communication **コミュニケーション**	伝える技術・聴く技術

■ワークロード・マネジメント＝作業負荷をマネジメントする技術

■チーム・ビルディング＝チームを形成する技術

■コミュニケーション＝伝える技術・聴く技術

自動化が進む現代では、かつて人間が行っていた機体の操縦や情報処理、モニタリングなどの多くをコンピューターが担うようになりました。そのため、機体操縦の困難さやパイロットのタスク（作業）処理の負荷は軽減され、より安全な運航が行われています。一方で、さまざまな情報や状況を能動的に把握しながらチームとして業務を遂行するための**ノンテクニカルスキルの重要度は高まっています。**

安全運航はチームプレー

フライトに欠かせないノンテクニカルスキルですが、その前

図3 マルチ・クルー・コオペレーション

Multi Crew Co-operation
運航乗務員が協力し、機長のもとでチームとして機能すること
機長
副操縦士
スキル（技能）
ノンテクニカル
テクニカル
プロシージャル
知識
姿勢
航空機の操縦操作
2人の運航乗務員による相互のモニタリング
航空機の操縦
コンフィギュレーションの設定
適切な自動操縦の活用
手順
手順として定められたブリーフィング
相互確認・チェックリスト
コールアウト
その他のさまざまな手順
コミュニケーション
2人の運航乗務員による情報処理
双方向のコミュニケーション
認識と計画の適時の共有
重要な情報を理解しているかの質問や確認
安全のための主張

提となるのが〈**マルチ・クルー・コオペレーション**〉という運航におけるチームワークの概念です。

現代の多くの旅客機は機長と副操縦士という2人のパイロットが協力することで、安全が確保されるように設計されています。機長と副操縦士はそれぞれ十分な技術や知識を有していますが、図3のとおり、2人のパイロットで航空機の操縦操作や手順を確実に実施し、コミュニケーションを重ねながら認識している情報を共有し、最適な行動を遂行していくことで、より安全性の高いフライトを行っています。

この概念をスポーツに喩えるなら、テニスやバドミントンのダブルス競技のようなものかもしれません。スマッシュやレシーブはシングルスにもダブルスにも共通するテクニックですが、強いシングルスプレーヤーが2人揃っただけでは、ダブルス競技で勝てるとは限りません。ダブルスには、パートナーと役割分担し、共通の認識のもとでプレーするなど、チームとして機能するためのスキルが求められるからです。

チームを機能させるのは質の高いコミュニケーション

「あと10分ほどで大きな雲があらわれますね。雲に入ると機体が揺れる可能性があるので、右に10度ほど変針しましょうか」

「いや、今日は左から風が吹いているから、右にいくと対流している気流に巻き込まれてしまうかもしれないね」

「では、左に避けましょう。念のため、このままベルトサインは消さないでいきましょう」

コックピットでは、機長と副操縦士によるさまざまなコミュニケーションが絶えず行われています。2人のパイロットがチームとして機能するためには、それぞれが認知や判断に関するスキルを持っているだけでなく、質の高い相互コミュニケーションが欠かせません。

「相手も自分と同じ情報を持っているはず」「自分と同じ判断をするはず」と安易に考えるのではなく、認識をすり合わせていく。こうしたプロセスはフライトに限らず、多くの集団行動にも共通するものです。

たとえば2人で道を歩いていて、雨が降ってきたとします。
Aさんは「小雨だから傘はささなくてもよい」と考え、Bさんは「朝の予報で急な土砂降りになると言っていたので傘をさしておこう」と考える。このように、同じ状況に置かれていても、人によって知覚できている情報やそれに伴う行動は異なります。もし、Bさんが「朝の天気予報では……」という話をしていれば、Aさんも傘をさしていたかもしれません。このようにコミュニケーションを取りながら認識のズレを解消することで、より安全な行動を選択していくことが大切なのです。

ノンテクニカルスキルのサイクルを回す

5つの要素で構成されるノンテクニカルスキルですが、一つ一つが独立した技術ではなく、相互にかかわり合い、連動して機能していることも重要な点です。

たとえば、航空機の揺れを回避するために前方にある雲を避ける場合、まずは航空機の位置や気象状況を的確に認識することが出発点となります。その後、航空機の針路を決定する判断を行い、針路変更に伴うタスクを適切に分配していきます。このとき、機長と副操縦士の間では常にコミュニケーションが行われる必要があり、そのためにはお互いに意見を交わしやすい関係性であることも不可欠です。つまり、**チームワークに欠かせない対人スキルの土台の上に、状況把握や判断などの認知スキルが発揮されています。**

フライト中は、航空機を取り巻く環境が刻一刻と変化していきます。だからこそ、常にノンテクニカルスキルのサイクルを回すことが必要となります。

パイロットの思考術と対人術を人生に活かす

実は私たちは、日常生活でもノンテクニカルスキルを使っています。

たとえば学業や仕事に取り組むとき、私たちは自身の現状や未来を認識するための**シチュエーショナル・アウェアネス**や、課題を把握しどのように行動すべきか判断する**ディシジョン・メイキング**、そのために必要な時間配分や優先順位づけのための**ワークロード・マネジメント**を行っています。共同研究やグループでのプロジェクトであれば、**チーム・ビルディング**も**コミュニケーション**も必要となるでしょう。

まだイメージをつかみきれないかもしれませんが、日常生活においてはこれらのスキルを無意識のうちに使っていることが多いのではないでしょうか。もし認知スキル・対人スキルをより体系的に捉え、意識的に使うことができれば、学業や仕事の効率はさらに高まるはずです。

次の章からは、そのための方法をお伝えしていきます。

シチュエーショナル・アウェアネス

Situational Awareness

第1章 今と未来を読む技術

シチュエーショナル・アウェアネスとは何か

今と未来を読む技術を身につける

太平洋や北米の大地を越えてアメリカ東海岸へと向かう航路、青い海に浮かぶ島々やサンゴ礁を眺めながら進むオセアニアへの航路、いくつもの大都市の上空を飛びながら国内の主要都市を結ぶ航路……。パイロットの仕事場である世界の空には、実にさまざまなフライトルートがあります。そして、飛行する空域や季節、時間帯によって、航空機を取り巻く状況やパイロットが取るべき行動はまったく異なります。

たとえば機内で急病人が発生した場合、国内線であれば緊急着陸できる空港の選択肢は多数あります。しかし、ハワイやアメリカ本土などに向かって洋上を飛んでいる場合は、そうはいきません。急病人の状態を考えながら、最善の選択肢を模索する必要があるのです。

航空機の内外で起こっている状況を的確に把握することは、安全性を確保するための大切な要素。そのためにパイロットたちが身につけている技術が、**シチュエーショナル・アウェアネス**です。

〈Situational Awareness〉という英語を直訳すると〈状況認識〉という意味になります。しかし、ノンテクニカルスキルにおけるシチュエーショナル・アウェアネスは、単に現在の状況を認識することだけではありません。航空機の内外で起こっている事象を認識し、分析し、これからどのように変化してゆくのかを予測する。つまり、**今と未来を読む技術**なのです。

パイロットの世界には「Flying ahead of the aircraft（パイロットは航空機より先を飛ばなければいけない）」という格言があります。この言葉はシチュエーショナル・アウェアネスを端的に表す言葉です。

「フライト中のパイロットがするべきことの一つは、安全なフライトを阻害する脅威に対抗策を講じてエラーを防ぐことです。たとえば大きな積乱雲に入ってしまうと機体が揺れてしまうので、私たちはできるだけ積乱雲を回避します。ただ、航空機は常に飛行しており、周囲を取り巻く気象状況も変化しています。その時点で前方に雲がなくても、場合によっては数分後に下から積乱雲が発達してきてしまうこともあるのです。このように、その日の気象状況や機体の状況、自分や他のパイロットの状況を認識すること。それらを分析し、この先どうなるかを予測すること。そのための技術が、シチュエーショナル・アウェアネスです。**的確に今と未来を読めていなければ、課題設定や問題解決はできません。**その意味で、すべてはシチュエーショナル・アウェアネスから始まる、ともいえます」（金原基樹＝以降、金原）

的確な状況認識を行うために

状況を的確に読むために、パイロットは３つの領域で状況認識に努めています。

１つ目が航空機と航空機内部の状況認識。２つ目が気象状況や空港、空域といった外部環境と時間の推移に対する状況認識。３つ目が自分を含むチーム全体のストレスや行動のエラーに対する状況認識です。

これらは車の運転に置き換えてみるとわかりやすいかもしれません。１つ目は車の状態の認識。２つ目は道路状況や交通規制などの認識。３つ目は運転者や同乗者の状態を

図1 **状況認識の対象例**

航空機および航空機内部の状況	・位置、速度、姿勢や操縦系統など ・航空機の不具合や故障など ・客室や貨物室の状況など
航空機の外部および時間に関する状況	・天候、乱気流、航空交通管制、交通量、空港情報など ・山岳、地形、障害物、噴煙など ・時間の推移および行うべきタスクと時間の関係
運航乗務員自身および他の運航乗務員の状況	・パフォーマンス（ストレス、疲労、警戒心の低下やオーバーロードなど） ・発言や行動のエラー ・シチュエーショナル・アウェアネス喪失の兆候

認識することに相当します。これら3つの領域で何が起こっているかを把握することで、適切な分析と予測が可能となります。

五感を常に働かせる

では、フライト中のパイロットは何を情報源に状況認識を行っているのでしょうか。知覚機能を通じて人間が外界から受け取る情報量は、視覚が83％、聴覚が11％、嗅覚が3・5％、触覚が1・5％、味覚が1％だとする研究*があります。

「パイロットは視覚と聴覚から多くの情報を得ます。そして、においや振動なども大切な情報源です。また、人間は錯覚により情報を誤って認識することがあるので、知覚の機能についての知識も必要になります。パイロットは五感を常に働かせて状況の認識に努めています」（立岡孝弘＝以降、立岡）

＊参考資料：『産業教育機器システム便覧』（教育機器編集委員会編 日科技連出版社）

図2 **スレット・アンド・エラーマネジメント**

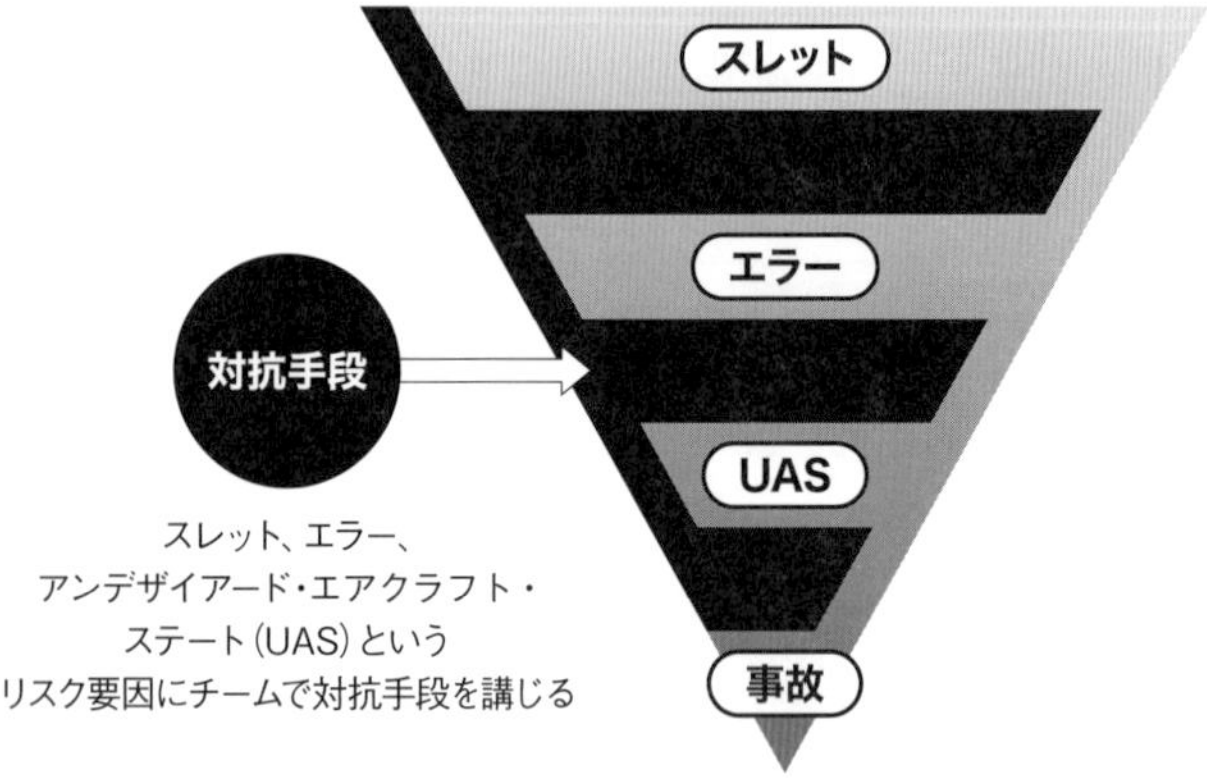

全体像から細部へ

図1（29頁参照）の状況認識の対象例のとおり、フライト中のパイロットは、多岐にわたる事象を認識し、情報をアップデートし続けなければいけません。しかし、これほど多くの情報をすべて同時に処理することは人間には不可能です。脳の処理能力の限界内で効率よく状況認識を行うためには、要所となる対象に注意を向けていくことが必要とされています。そこで役立つのが「**まず全体像を把握してから、細部に注意を向ける**」テクニックです。

「たとえば離着陸時の気象状況を確認する際は、まず天気図で気圧配置や前線の状況などの全体像を把握したうえで、予報をもとに視程や風向風速、雲などの詳細な状況を確認します。次に、それらがフライトにどのような影響をもたらすのかをロジカルに分析する。このようなプロセスがより良い状況認識へとつながります」（立岡）

図3 **スレット=パイロットが関与できない領域で発生する事象**

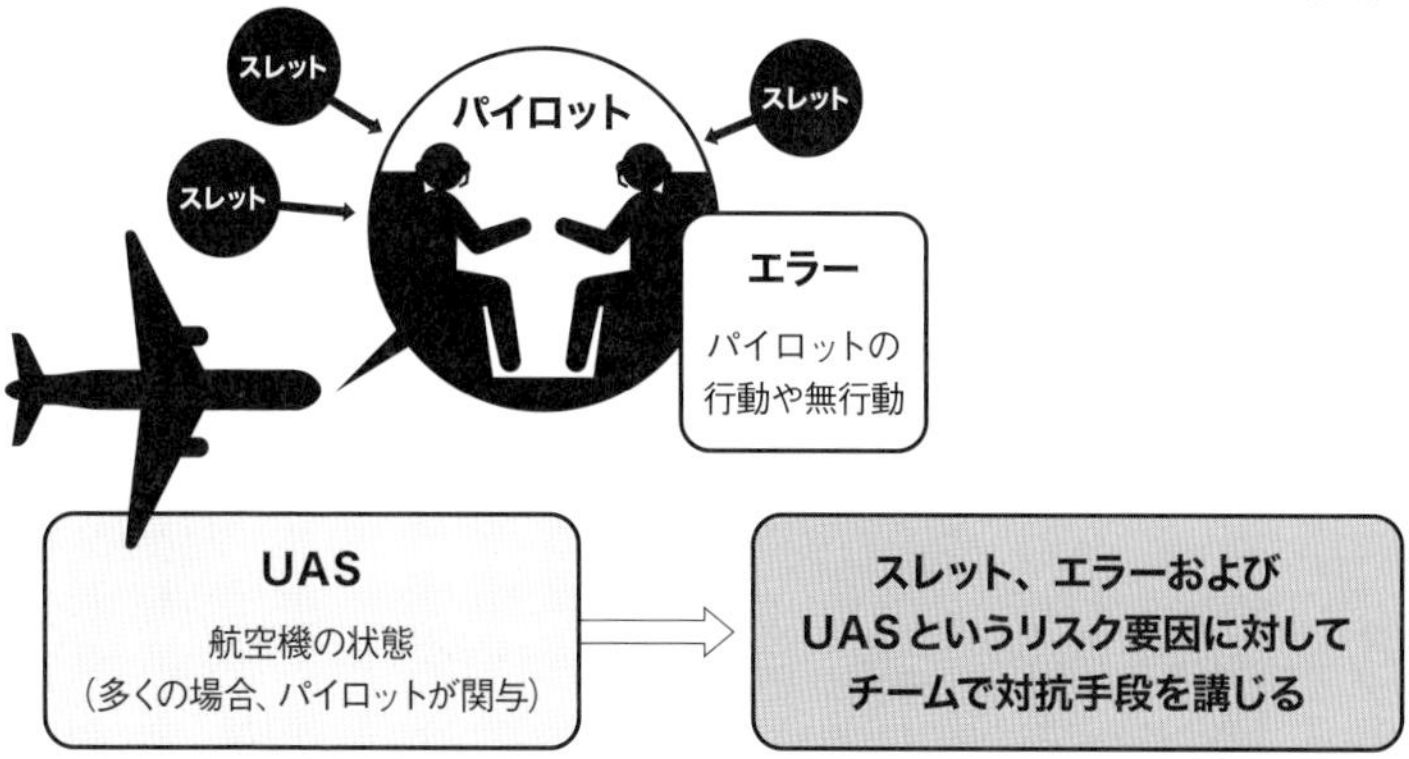

このとき注意したいのは**「予想」ではなく「予測」**を行うこと。「予想」とは「あらかじめ想う」ことであり、主観や思い込みが入り、判断を誤る可能性があります。また、判断を誤った際の対処も後手になりがちです。一方で、「予測」は「あらかじめ測ること」で、根拠に基づく客観性が求められます。このことから良い判断が期待でき、判断を誤った場合にも根拠に立ち返ることで迅速な対処ができます。

早めの対処ほどコストもリスクも低い

安全運航の脅威となる事象を認識するために行われるシチュエーショナル・アウェアネスですが、このスキルが重視されるのは脅威の早期発見がフライトの安全性に直結するからです。

図2のとおり、日本航空では**〈スレット・アンド・エラー・マネ**

ジメント（**Threat and Error Management / TEM**）〉という考え方を実践し、安全運航を阻害するリスクを段階的にマネジメントすることで、フライトの安全性を守っています。

スレットとは、パイロットのエラーを誘発する可能性のある脅威のことです。図3（31頁参照）のように、パイロットが関与できない領域で発生する安全運航の妨げとなる事象を指します。その対象は、雷雨や乱気流などの気象状況や機材トラブル、空港や地形に起因する問題など、実に多岐にわたっています。

エラーとは、パイロットの誤った行動や無行動を意味します。誤った行動とは、データの入力を間違えるといったミスのこと。一方、滑走路までの誘導路が複雑で間違えやすいというスレットがあるにもかかわらず何も対処を行わない場合などが、エラーに結びつく無行動です。

アンデザイアード・エアクラフト・ステート（**UAS**）**とは、安全マージンが低下し**

ている航空機の状態を意味します。航空機の姿勢の乱れや速度のズレが生じている状態のため、この段階での対処を誤ると事故やインシデントにつながる可能性が高まります。

　スレット・アンド・エラー・マネジメントでは、フライトの安全性を阻害するリスク要因をこれらの3つに分類し、それぞれの段階で適切な対抗策を講じることで、リスクを最小限にとどめているのです。

「図2（30頁参照）」のとおり、**階層が深くなるほど、対抗策にかかるコストも安全上のリスクも大きくなります**。たとえば前方に積乱雲というスレットがあるとき、遠方から雲を発見すれば時間的な余裕があります。そのため2人のパイロットでシチュエーショナル・アウェアネスを共有し、上下左右いずれに避けられるのかを協議し、回避行動やシートベルトサインの点灯、客室への注意喚起などさまざまなオプションについて検討することができます。しかし、月明かりのない夜間に機上の気象レーダーの使用を誤り、この雲を発見できずに直前まで近づいてしまうと、これはエラー（無行動）の状態です。この状態では回避行動を取ったとしても避けきれず、雲の端に触れて多少揺れることも。また、シートベルトサインを即座に点灯させても客室に注意喚起する時間的余裕がなくなるなど、リスクは前者と比べて大きく高まります。そして、積乱雲に気がつかずそのまま突入してしまえばアンデザイアード・エアクラフト・ステートとなり、怪我人の発生、機体の損傷など多大な影響が出る可能性が高まります。なるべく**行動の選択肢の多いスレットを発見したタイミングで、適切な対処を行うことが肝心です**」（金原）

この考え方を、日常生活に置き換えてみましょう。

たとえば「今日の午後は雨が降るかもしれない」というスレットに対しては「早めに家を出る」「傘を持っていく」「出かける時間を変更する」など、対策にはいくつかの選択肢があります。しかし、「傘を忘れて出かけてしまった」などのエラーが起きた場合には「コンビニで傘を買う」「雨宿りする」といったコストの高い対策が必要となります。さらに対策を講じなかった場合には、「雨に降られて、びしょ濡れ」ということに。こうなると身体の安全性が低下した状態ですし、外出そのものを断念せざるを得なくなるかもしれません。このようにフェーズが移り変わってゆくほどに、取れる選択肢の数は少なくなり、目的を遂行するうえでのリスクも高くなります。だからこそ、シチュエーショナル・アウェアネスを発揮して、スレットを早期に発見することが大切です。

今と未来を読む技術を阻害するものとは

経験を積んだパイロットであっても、ときにシチュエーショナル・アウェアネスを的確に行えないことがあります。その要因には、左記のものがあります。これらの要因は、私たちが日常生活で自身が置かれている状況を認識・分析・予測できない際にも共通するものなのでご紹介します。

- **不十分なコミュニケーション**
- **過労、ストレス**
- **過度なタスク、過小なタスク、タスクの中断、周囲の期待**
- **チームの雰囲気**
- **警戒心が維持されていない状態**
- **過度に急な権威勾配（135頁参照）**
- **運航環境が悪化した状態**

- ■情報の解釈に多様性がある場合
- ■情報の混乱、未解決な矛盾の存在
- ■固執、没頭（一点集中）
- ■目的を見失っている状態（手段が目的化している状態）

シチュエーショナル・アウェアネス喪失の兆候

前述のような要因から、ときには自分が置かれている状況の認識や未来予測ができなくなってしまうこともあります。**「今、シチュエーショナル・アウェアネスを失っている」と自覚することは、適切に今と未来を読むことと同じくらい重要なこと**です。そのため、パイロットはシチュエーショナル・アウェアネス喪失の兆候を知っておく必要があります。次の事例は、ヒューマンエラーに起因するほとんどの事故で見られるものです。

- ■説明できない情報の不一致（2つ以上の情報源からの情報が矛盾する）
- ■曖昧なコミュニケーション

■固執（他のことを排除してしまうほど1点に固執する）
■混乱（「何か正しくない」という感覚）
■操縦を担当するパイロットの不在（2人とも操縦操作と関係していないことに集中）
■誰も外を見ていない、モニターしていない
■チェックリストやプロシージャーを急いで実施、ショートカット、未実施など
■運用限界、最低基準、法的要件からの逸脱
■飛行計画との不一致
■予想外の結果や行動

これらの項目には、航空機の運航に特有のものが多いですが、曖昧なコミュニケーションや固執、混乱、予想外の結果や行動などは、日常生活にも共通して起こる兆候といえます。これらの兆候が見られたときには、いま一度立ち止まって、自身が置かれた状況を確かめてみると良いでしょう。

優先すべきことを決めておく

万が一、**シチュエーショナル・アウェアネスを喪失した場合には、「なぜ喪失したのか」を理解することに固執してはいけません。**まずは航空機が安全に飛行できる状態を確実に維持し、自身を落ち着かせること。そのうえでシチュエーショナル・アウェアネスの回復に努めるようにします。なぜならフライト中に最も大切なことは、航空機の安全を確保することだからです。

「訓練生時代に最初に教えられるのが『Aviate, Navigate, Communicate（飛行する、進路を維持する、情報伝達をする）』という鉄則です。現在の旅客機には自動操縦システムがあるのでそのような心配はほとんどありませんが、訓練生時代は経験も少ないうえに手動操縦の小型機を飛ばすことが多く、外部監視や無線通信に気を取られているうちに、高度やスピードへの意識がおろそかになってしまうというケースがあります。航空機が適切な状態から大きく逸脱すると失速や地表への接近にもつながります。そうなると緊急事態ですから、機体を立て直すことに精一杯になり、適切なシチュエーショナル・アウェアネスもさらに大きく失われてしまいます。こうした悪循環にならないためにも、まずは航空機が安全に飛行できる状態を確実に維持することが大切なのです」（金原）

自身の状況を認識できなくなると、誰しも焦ってしまうものです。そんなときに、**事前に最優先で行うべき行動を明確にしておくことで、より落ち着いて行動できるようになる**のです。

シチュエーショナル・アウェアネスを身につけるために

今と未来を読む技術の磨き方

ここからは、さまざまな訓練やフライトの経験を通じて、今と未来を読む技術を磨いてきた現役パイロットの意見をもとに、的確にシチュエーショナル・アウェアネスを行うためのポイントや身につけるためのコツをお伝えします。

本番前の準備が結果を分ける

フライト中、さまざまな対象と向き合いながら常に今と未来を読み続けるパイロット。しかし前述のとおり、人間の脳の処理能力には限界があるため、限られたフライト時間のなかで目の前に起きているすべての事象を認識することも、完璧な分析や予測を行うことも不可能です。

そこで重視されるのが、**フライト前の準備**です。

日本航空のパイロットは、フライトの前にさまざまな情報を集めて、フライト中に起こりうるさまざまな事象に備えています。

「フライト前にインプットすべき情報は、天候や機材から滑走路の長さや進入角度など、多岐にわたります。もちろん先輩パイロットから受け継いだ確認リストはあるのですが、その日の天候やルートによって必要となる情報は異なるので確認リストだけで十分とはいえません。ですから、頭のなかでその日のフライトをシミュレーションしながら、当日のフライトに必要だと思われる情報を集めます。

たとえば、東京国際（以下、羽田）空港から大阪国際（以下、伊丹）空港へのフライトの場合、羽田空港の周辺には東京の街があります。高い建物は障害になる可能性があるので、東京タワーや東京スカイツリー®などの高さを調べます。さらに東京から西に進んで山を越えると、浜名湖周辺です。浜名湖の近くには自衛隊の基地があるので、戦闘機が飛んでいる訓練空域や自分たちが飛べる最低限の高度なども知っておきたい。さらに冬の荒天時であれば滑走路の積雪状況も調べますし、夜間の飛行であれば滑走路のライトの種類や位置も確認します。

このように、実際のフライトを想像しながら情報を集めます。たとえ何度も飛んでいるルートであっても、季節や天候、時間帯、機材の重量などが異なれば必要な情報も常に変化します。万全の準備ができていれば、実際に離陸した後に特に注意を払うべき事象を予測できますし、運航のリスクとなるスレットの早期発見もできる。事前準備は状況認識と予測の解像度を上げる重要なポイントなのです」（金原）

パイロットの仕事は空の上だけではなく、実は**地上にいるときからシチュエーショナル・アウェアネスは始まっています**。この点は、スポーツの試合やさまざまな試験などにも通ずるポイントかもしれません。本番で１００％の力を発揮するためには、事前準備が大切なのです。

想像力がカギとなる

パイロットはその日のフライトをシミュレーションしながら、シチュエーショナル・アウェアネスを高めるために必要な情報の収集を行っています。

このとき必要となるのが、さまざまな状況をどれだけ具体的に頭のなかに思い描けるかという**想像力**です。
もし予報よりも雲が発達したらどのルートや高度を選ぶべきか。機内で急病人が発生したらどの空港に緊急着陸するか。複数ある滑走路のうち1本が閉鎖していたら空港や空域はどのような状況になるか。フライトには、予期せぬ出来事がつきものです。だからこそ、想像の翼を広げてあらゆる可能性を考慮し、準備することが必要となります。

「想像力をベースに情報を集めることを意識すると、フライトの質は格段に高まります。その日のフライトであり得るシチュエーションを想像しておくことで運航上のスレットを見つけやすくなりますし、実際にスレットに直面したときにも落ち着いて素早く判断することができます。『もしもこのような状況になったら……』と、**あらかじめ想像していたことがトリガーとなって、必要な知識や情報をすぐに呼び起こすことができる**からです。いくら事前に知識や情報をインプットしていたとしても、現場での行動につながらなければ意味がありません」（金原）

「初めて航空機に触れる基礎課程の訓練では、航空機を操作するための膨大な知識や手順をまず習得しなければなりません。たとえば訓練生たちは、シミュレーターならぬ紙レーターと呼ばれる、操縦席の計器の写真を段ボールに貼り付けた自習アイテムを前にして、声を出しながら手順を頭と体に叩き込みます。初めはそれだけでも航空機を操作できる気になってしまいがちです。しかし、これはようやく航空機に触れるためのスタートラインに立てた状態です。航空機を運航するうえでは、目の前の環境にあわせて知識と手順をどのように適用するかが大切なのです。そこでカギとなるのが想像力です。環境を予想しながら紙レーターの前で必要とされる知識と手順を適用していく。それがフライト前の準備で必要とされるイメージトレーニングといわれるものです。

　もちろんパイロットになったあとも、事前にフライトをイメージすることは欠かせません。また、副操縦士とのブリーフィングでは『この環境で今日はどんなことが起こりうるのか？』と問いかけ、**チームの想像力を引き出す**ことも心がけています」（立岡）

経験が想像力の引き出しになる

　フライトの質を高めるためには、あらゆるシチュエーションを頭のなかに思い描く想像力が必要です。では、想像力はどのように磨くことができるのでしょうか。

想像力の引き出しの多さは、その人が経験してきた事象に由来します。

たとえば日本航空の自社養成パイロットのインターンシップでは「みんなでキャンプに行きます。そのときに想定されるスレットと対策を考えてみてください」というワークショップを行うことがあります。その際に具体的なスレットを挙げられるのは、やはりキャンプ経験者です。

もちろん「夜は暗いからライトが必要」「寒さ対策に防寒着を」など、未経験者でもある程度のスレットや対策を想像することは可能です。ただ、実際にキャンプを経験したことのある人ほど「月明かりがあれば視界は確保されるので、まずは天候を調べておこう」や「標高1000メートル級のキャンプ場の気温は平地より6度ほど低いので、真冬の装備が必要」など、より具体的な選択肢を提案することができます。

「副操縦士としてコックピットに座っていて、機長との経験の差を感じる場面があります。たとえば羽田空港から西へ向かう航路では、富士山や南アルプスの山を越えることが多いのですが、あるフライトで『今日は天気も良いので、離陸して5分ぐらいしたらシートベルトサインを消していいですよね』と機長に伝えたところ『今日は1万フィートぐらいのところに50ノットの風が吹いているので、山岳波の影響があるかもしれない』という返答がありました。山岳波というのは、山を越えた気流の波のことで、航空機に揺れを及ぼす恐れがあります。もちろん自分自身も山岳波についての知識は座学で学んではいたものの、当時は実際のフライトに活用して考えるまでには至っていませんでした。経験が豊富なパイロットほど、実体験に基づいてより具体的な状況を想像できる。そう実感した出来事でしたね」(金原)

経験を共有することで、想像力はさらに高まる

想像力の引き出しは、経験に基づいて増えていきます。

しかし、**一人の人間が経験できる事象にはやはり限界があります。そこで大切なのが、経験を共有すること。**パイロットたちは社内でのレポートやさまざまなミーティング、さらには普段の会話を通じて、それぞれの経験を共有しています。だからこそ、自身が経験しなかった事象を想像力の引き出しにすることができるのです。

「このときに必要なのが、**他者の経験を単なる知識としてインプットするだけではなく、自分自身の行動と結びつくところまで落とし込むこと**です。たとえば『あの空域で予想外の乱気流が発生していた』という経験を聞いたときに『そんなこともあるのか』『次から気をつけよう』と思うだけでは、具体的な対策にはなりません。なぜ乱気流が発生したのか。事前に予測できるようにするためには何が必要なのか。どのように避ければ良いか。知識と行動を結びつけてイメージトレーニングを重ねる習慣を持つことで、ようやく他者の経験が自分にとっての糧になるのです」（立岡）

自身の現在地と未来を把握するシチュエーショナル・アウェアネスには、想像力を活かした事前の準備が欠かせません。そして想像力の引き出しを増やすためには、自他を問わず多くの経験から学ぶ姿勢が求められるのです。

シチュエーショナル・アウェアネスを人生に活かす

的確な状況認識がすべての基本

パイロットたちが日々行っているシチュエーショナル・アウェアネスは、ノンテクニカルスキルの出発点となる技術。不確実性に満ちた現実のなかで、自身の立ち位置を確認し、最善の選択肢を選んでいく。それは、人生においても大切なことです。

ここからは、人生において今と未来を読む技術が役立ちそうなシチュエーションをピックアップ。現役パイロット自身の経験やアドバイスとともにお伝えします。

Q スポーツで効率的な練習をしたい

部活やサークル、地域での活動など、さまざまな形でスポーツにかかわっている方も多いでしょう。質の高い練習を行うことは、どんなスポーツにも共通する課題の一つです。限られた時間のなかで効率的な練習を行うためには、自身の実力や課題を把握し、身につけるべき能力を予測することが欠かせません。

シチュエーショナル・アウェアネスでは、状況認識すべき対象を航空機とその内部、外部環境と時間、パイロットやその他のパイロットの3項目に整理して考えます。たとえばスポーツでは、これらを道具や体のメンテナンス、天候や対戦相手の情報、試合の残り時間、プレーヤーとチームメイトなどに置き換えて考えることが可能です。これらの項目を総合的に分析することで、いつまでに誰がどのような練習をすべきなのかを理解しやすくなるのではないでしょうか。

「私は大学生時代にテニスサークルに所属し、競技に打ち込んでいました。当時は、誰よりも長い時間コートに立って練習することが大事だと考えており、1日に12時間ひたすらラケットを振っていたこともありました。ただ、シチュエーショナル・アウェアネスを学んだ今、当時のことを振り返ると、もっと効率的に時間を使えたはずだと感じます。たとえば練習前にチームメイトから自分の弱点を教えてもらったり、対戦相手の情報を調べたりしていれば、フォーカスすべき練習内容が明確になったはず。2時間かけてそのような話し合いや分析を行い、その後4時間かけて練習に取り組んでいれば、やみくもに12時間コートに立ち続けるよりも大きな成長ができたのではないかと思い

ます」（金原）

フライトにおいて良好なシチュエーショナル・アウェアネスを行うためには、一歩引いて全体を見渡すことや自分やメンバーのパフォーマンスに気を遣うこと、常に航空機内外の情報をアップデートしていくことが必要です。このような視点を取り入れることも、効率的な練習につながるのではないでしょうか。

Q プレゼンや面接に自信を持って臨むには

人生には試験や面接、プレゼンテーションなど、しっかりと実力を発揮したい大切な機会があります。多くの人々の命を預かるパイロットにとっては、一つ一つのフライトがそんな大切な機会。だからこそ想像力を働かせて準備を行い、最高のコンディションでフライトに臨んでいます。

「メンタル面での充実度は、やはりどれだけ準備をしたかにかかっていると思います。たとえばプレゼンテーションの場合、パソコンの前で発表する内容を練習するだけでなく、実際のプレゼンテーションの場を思い浮かべてみる。そうすると『声はこのくらいの大きさがいいかな』『喉が渇くから水を持っていこうか』『PCなどの機器類に不具合はないだろうか』と、具体的に対処すべきポイントが見えてくると思います。まさにシチュエーショナル・アウェアネスですね。もちろん、急に停電するなどの予期せぬ事態が起こるかもしれません。けれど『これだけ準備したのだから大丈夫』と思えるくらい準備していれば、自信を持ってプレゼンに臨むことができるはずです」（金原）

Q 部活の練習やアルバイトが単調に感じられる

部活の練習やアルバイトに対して、マンネリ感や退屈さを感じ、やる気をなくしている人もいるかもしれません。航空機を目的地まで安全に運ぶ、という仕事に臨むパイロットはどのような思いで日々の仕事と向き合っているのでしょうか。

「パイロットの仕事には飽きというものがありません。一つとして同じフライトはないからです。一日一日、その日のフライトの目標やゴールを意識することで、それを阻むスレットが浮かび上がり、今日すべきことが見えてきます」（金原）

シチュエーショナル・アウェアネスにおいては、**外部環境の状況を認識して必要な情報をアップデートしていくことや、その情報を整理して分析すること、この先どうなるかを予測していくことが重要なポイント**になります。部活やアルバイトにおいても同じことがいえるのではないでしょうか。昨日と今日は決して同じではありません。だからこそ、一日一日の違いを認識する。そのうえで予測されるスレットやそれに対する対抗策を考える。このような思考法が身につけば、日々の部活やアルバイトにも飽きを感じることなく、一歩一歩成長していけるでしょう。

Q 就職活動が思うようにいかず、不安になってしまう

就職活動が長引くと、その不安から早く内定を得ることが目的となり、失敗を恐れて表面的な取り繕った準備をしがちです。しかし、就職することはこれから先のより良い人生を送るための一つの手段です。

「パイロットになるための長く厳しい訓練では誰もが壁に直面します。そうすると訓練を修了できないのではないかという不安から、目の前のレッスンやチェックを通過す

ることのみが目的となり、教官の顔色や評価ばかりを気にしがちです。そうなるとフライトは取り繕ったものになってしまい、有意義な訓練ではなくなります。

本来の目的はプロフェッショナルのパイロットになることです。訓練は目的に辿り着くための手段で、挑戦と失敗を繰り返しながらも壁を乗り越えていく大切な過程です。シチュエーショナル・アウェアネスを阻害する状態の一つとして『目的を見失い、手段が目的化する』ことがあります。先が見えず不安になったときこそ、やはり目的を思い返すことが大切です」（立岡）

就職活動で不安を感じたら、就職活動のゴール（目的）は何か、あらためて考えると良いでしょう。焦りと不安が募るなかでいかに状況を認識できるか。それが納得のいく就職活動を終える最短ルートに結びつくカギかもしれません。

Q 準備はしっかりしているのに、思ったような結果が出ない

スポーツの試合などにおいて、入念な準備をして臨んでいるのに、なかなか結果に結びつかないというのはよくあることでしょう。また、仕事においても急な上司からの指

示やクライアントの要望などによって、思うように仕事が進まないといったケースもあるでしょう。

「このような状況は、パイロットの仕事でもよく起こることです。たとえ事前に綿密な計画を立て、想定されるスレットに対する対抗策を準備しておいたとしても、自分たちのイメージどおりのフライトになるとは限りません。そのためパイロットには、自身のイメージに固執せず、外的要因や外部環境の変化を敏感につかみ取って計画を変更していくことが常に求められます。

たとえば、予想に反して思わぬ所に揺れの原因となる雲や風の変化域が存在しているという情報を入手した場合、すぐに客室乗務員とコミュニケーションを取ります。予定よりも早くベルトサインを点灯しても問題ないか確認する、もしくは時間の猶予がないと判断したときは客室乗務員に連絡することなく、速やかにベルトサインを点灯させることもあります。

このように、変化に的確に対処して安全で効率的なフライトができたときはやはり達成感を感じます。もちろん計画どおりに事が運べば良いのですが、ときには変化するのが当たり前くらいの意識も大事。外部へのシチュエーショナル・アウェアネスを保ち、変化も楽しむくらいの心持ちで物事に対処してはどうでしょうか」（金原）

とはいえ、状況の変化に応じて柔軟に対処していくことは、簡単なことではありません。では、人はなぜ事前にイメージしていたことに固執してしまうのでしょうか。

「考えが一点に固執してしまっているのは、シチュエーショナル・アウェアネスを喪失している状態といえます。その原因の一つが心理特性です。人間は自分の判断を肯定する情報を重視したり、現状を維持したりする傾向があるといわれています。たとえば、想定外の所で揺れが始まったときに、『すぐに揺れは収まるだろう』『これ以上は揺れないだろう』と自身のプランを肯定するために、根拠のない理由で辻褄をあわせる思考が働くことがある。そうすると、ベルトサインを点灯させるのをためらい、望ましくない結果になりかねないのです。

状況の変化に対処するためには、このような認知の過程における自身の心的状態を理解したうえで、シチュエーショナル・アウェアネスを回復させることが大切です。そして、冷静に計画を変更する勇気も持たなければいけません。また、思い込みが強くなっているときは、自分自身で問題に気づくのが難しいことがあります。そのようなときは、もう一人のパイロットが客観視して状況を主張することも重要です」（立岡）

シチュエーショナル・アウェアネスは準備段階から本番が終わるまでの間、常に必要とされている能力であり、かつ正しく機能していなければいけないのです。

パイロット訓練生に聞いたノンテクニカルスキル活用法❶

シチュエーショナル・アウェアネス／今と未来を読む技術 編

この技術を身につけると、
日々の生活や仕事などは
どう変わっていくのか。
実際にシチュエーショナル・アウェアネスを
学んだパイロット訓練生の声を
ご紹介します。

Voice 01

シチュエーショナル・アウェアネスを学んだことは、大学時代のトライアスロンのレース中に、自分の順位、周りにいるメンバー、残っている体力などを分析し、今後考えられるレース展開と各状況での自分の取るべき行動を考える際に役に立った。

Voice 02

現在、訓練前の地上業務実習を行っているが、シチュエーショナル・アウェアネスを用いて、上司や先輩が今何をしているのかしっかりと分析し、次に何をすべきか予測しながら仕事をこなしていくことの大切さを感じている。また、そのような場合に、コミュニケーションを通じて、わからないことは聞いたり、迷ったことは相談したりする努力を、これからも続けていく必要があると思う。

Voice 03

シチュエーショナル・アウェアネスは、アスリートにも伝えられる技術だと感じる。私は大学時代に陸上部に所属していたが、陸上競技は一発勝負で決まるので、そのスタートにコンディションのピークを持っていく必要がある。しかし競技会場、天候、時間、相手選手と条件は毎回変わる。試合の１週間前から寝る時間や食事を調整し、試合当日はその日の身体の状態や天候を分析し、本番までの道のりを想定しながら具体的な計画を立てる。また、団体競技であれば仲間とそのような情報を共有してお互いのパフォーマンスを高める。シチュエーショナル・アウェアネスは、準備やイメージトレーニングを行い、本番に臨むときに必要なスキルだと思う。

Voice 04

テニス部に所属していた学生時代、シチュエーショナル・アウェアネスを活用して自分がどういったときに調子が悪くなるかを分析した。結果、「睡眠時間をきちんととれていないとき」「何か懸念点があるとき」に調子が悪くなることがわかった。

Voice 05

状況の整理・把握▶問題特定▶打ち手の検討・選択というプロセスは、どの仕事でも必要だと思う。そして、このプロセスを速く正確にこなせる人がいると組織が安定すると感じる。

Voice 06

車や自転車など、乗り物を使う際には、常にシチュエーショナル・アウェアネスを活用している。特に混み合っているときや狭い道路を走行する際は、事故などのトラブルを回避するうえで欠かせないスキルだと思う。

Voice 07

勉強や仕事で降りかかってきたタスクに無意識に取り組むのではなく、意識して全体を俯瞰して計画を立てて実行することで成果が上がることを幾度も経験した。試験での時間配分のミスなども防ぐことのできるスキルだと感じる。

Voice 08

シチュエーショナル・アウェアネスは、仕事に限らず人間関係など、どのような場面でも役立つ。目の前にある情報から、相手が何を求めているのか、想像力を働かせて自分が行動することで、相手に喜んでもらうことができる。人間関係においても、今どのような声をかけてほしいのか、どんな反応を求めていそうなのかを感じ取ることで円滑な人間関係を構築できると思う。

※運航企画部リソース戦略グループ調べ。パイロット訓練生150名のアンケート回答から一部抜粋。

ディシジョン・メイキング

Decision Making

第2章 問題解決につながる判断の技術

ディシジョン・メイキングとは何か

問題解決につながる判断のプロセス

パイロットの仕事は、人生と同じく判断の連続です。目的地までの飛行ルートや高度、速度、燃料の量の決定はもちろん、フライト中のスレットやエラーの対処から着陸の可否の判断に至るまで、パイロットは常にさまざまな判断をしています。このような**一つ一つの判断を支えるノンテクニカルスキルが、ディシジョン・メイキング**です。

〈Decision Making〉という英語は、意思決定と訳されることがあります。しかし、ノンテクニカルスキルにおけるディシジョン・メイキングは、単なる**意思決定だけではなく、決定に至る検討や決定後の振り返り、修正を含んでいます。**つまり、問題解決につながる判断のプロセスを総合した技術です。

具体的には、パイロットは左記の6つのプロセスを行うことで、さまざまな決定・判断を行っています。

1 問題を特定する（Problem Definition）
2 解決案の選択肢を挙げる（Option Generation）
3 各選択肢のメリット／デメリットやリスクを評価する（Risk Assessment）
4 適切な解決策を選択して決定する（Option Choice）
5 解決策を実行しながら振り返る（Review）
6 解決策を修正する（Modify）

※4と5の間には第3章ワークロード・マネジメントに含まれるタスクの計画・優先順位づけ・タスク配分などが入ります（詳しくは93頁〜参照）。

たとえば巡航中に雲が現れたとき、雲を発見して航空機への影響を予測することが、第1章でお伝えしたシチュエーショナル・アウェアネスの段階。その後、この雲が運航上の問題になると特定するところからディシジョン・メイキングが始まります。

「数十キロ先の雲がスレットになると特定したら、左右に避けるか上下方向に避けるか、それぞれのメリットやデメリット、代替案を考え、航空機の進路を決定します。その後、決定の振り返りと修正を行うこともディシジョン・メイキングの大切なポイントです。

たとえば雲を右に10キロ避けることを決定したけれど、実際に実行してみると予測より雲の発達が早くて避けきれないこともあります。そんなときには、改めて状況を認識し、回避幅を20キロに広げたり、避けきれないと判断すればシートベルトサインを点灯させたりするなど、新たな解決案の選択肢を挙げながら先の解決策を修正していきます。刻々と変化する自然環境のなかでは、状況の認識や問題の特定が必ずしも的確に行われるとは限りません。だからこそ、**シチュエーショナル・アウェアネスからディシジョン・メイキングに至るサイクルを常に回し、より適切な解決策を選び取っていく**ことを心がけています」（金原）

一度行った決定に満足したり固執したりするのではなく、行動を振り返り、修正を繰り返すことこそが、このディシジョン・メイキングのポイントとなります。

時間の制約のなかで判断する

航空機は常に目的地に向かって進み続けています。そのため、ほぼすべての**判断や行動には、時間的な制約があります。**目的地までの時間は？　雲に到達するまでの時間は？　機内食の提供に必要な時間は？　さまざまなタイムリミットを考えながらパイロットは判断しています。どれほど素晴らしい判断であっても、期限までに完遂しなければ意味がありません。

これは、人生にも共通することでしょう。何時に起きるべきか。試験や試合までに残された時間で何をすべきか。待ち合わせ場所までどんなルートで行くべきか。誰もが判断のために残された時間を考えています。この点をより明確に意識することで、判断の精度を上げることができます。

「パイロットは、フライトの各フェーズにおけるタイムリミットからさかのぼって、どんなタスクが必要で各タスクにかけられる時間はどのくらいになるのかを、地上での準備段階でおおまかに考えておきます。また、想定以上に時間がなくなってしまった場合に備え、各タスクに優先順位をつけておくことも忘れません。そうすることで、いざ時間がなくなってしまった場合にも、焦らず最も大切なことに判断する時間を使うことができます。（第3章のワークロード・マネジメント92頁〜参照）

たとえば部活では、大事な試合まで残された時間はどれくらいあるのか、そのなかで何からやらなければならないのか。就活においては、どのくらいの期間があり、それまでに自分が身につけておくべきスキルは何で、その業界や仕事を知るためにどのようなことをやっておくべきなのか。そのように具体的に考え、優先順位をつけることで、自ずと今やるべきこと、そしてやるべきでないことが判断できるのではないかと思います」（金原）

分析的ディシジョン・メイキングと直観的ディシジョン・メイキングを使い分ける

時間的な制約があるなかで、パイロットは分析的ディシジョン・メイキングと直観的ディシジョン・メイキングという2種類の判断の技術を意識的に使い分けています。

分析的ディシジョン・メイキングは、判断までにある程度時間の余裕があるときに用いられます。たとえば目的地の天候が急変したときに機長と副操縦士がコミュニケーションを取りながら分析を行い、複数の選択肢のなかから最適な解決策を選んでいきます。この手法では、機長と副操縦士がそれぞれの視点を活かし、共有しながら選択肢を検討することで、一人では辿り着けなかったような選択肢を得られることがあります。

一方で**直観的ディシジョン・メイキングは、判断までに時間的な余裕がない場合に用いられる手法**です。緊急度が高いと判断された場合、まずは状態の悪化を食い止めるためにあらかじめ定められている手順を機長の指揮のもと、チームで速やかに実施します。

2009年に起こった〈ハドソン川の奇跡〉をご存じでしょうか。ニューヨークの空港から離陸直後の市街地上空で2つのエンジンに鳥が吸い込まれ、両エンジンが停止してしまった航空機がハドソン川に不時着した出来事です。この不時着は機長の即断によって実行されたものですが、乗員の適切な避難誘導や素早い救助活動もあり、乗客乗員155人全員が無事生還することができました。このような緊急事態においては、パ

図1 **2つのディシジョン・メイキング**

分析的ディシジョン・メイキングが良いとされる場合	直観的ディシジョン・メイキングが良いとされる場合
時間に余裕がある場合	時間に余裕がない場合
2人のフライトクルーが参画してディシジョン・メイキングをしていく場合	機長の即断が必要な場合
明確にされた複数の解決策の選択肢がある場合	選択肢に高い不確実性やリスクが存在する場合
ディシジョンの根拠を示す、もしくは意見の不一致を解消する必要がある場合	曖昧な状況や変化する状況の場合
最適の、もしくは最良の結果を求めている場合	最良ではなく、短時間に要件（安全性など）を満足する結果を探る場合

イロットの直観に基づいた迅速なディシジョン・メイキングが有効となるのです。

「直観的ディシジョン・メイキングを行うためには、**緊急事態が発生したときにどう対処するかを想定し、それをチームで共有しておくことが大切**です。たとえば離陸直後のエンジントラブルには、直観的ディシジョン・メイキングが必要です。そのために、エンジントラブルが起きた際の対処法や飛行経路と高度、管制官への通報内容などについて、毎回出発前に必ずチームで打ち合わせをします。そのような準備を行うことで、万が一の事態に直面したときにチームでの話し合いに時間を取られることなく、迅速に適切な解決策を実行し、事態の悪化を防ぐことができるのです」（立岡）

図1のとおり、2つのディシジョン・メイキングにはそれぞ

れ特徴があります。分析的ディシジョン・メイキングにはある程度の時間がかかりますが、その分有効な情報を多く取り入れることができます。そのため、複数の選択肢からメリットとデメリットを考慮した判断ができます。一方、直観的ディシジョン・メイキングは、エラーや望ましくない状態を拡大させないようにするための、短時間での判断に向いています。

時間的な制約のなかでより良い判断をしていくことは、人生においても大切なこと。進むべき道に迷ったとき、まずは**時間を意識して**、**分析的に判断すべきか直観的に判断すべきかを考える**習慣を身につけましょう。

直感ではなく直観を使う

〈直観〉と〈直感〉は異なります。前者は過去の経験や知識に基づいて即座に本質を見抜くこと。後者は考察することなく感覚的に物事を捉えることです。数多くの訓練や業務、事例研究を通じて経験や知識を蓄積したパイロットは、シチュエーショナル・アウェアネスからディシジョン・メイキングに至る思考を切れ目なく行うことができます。この一連のスキルが、〈直観〉をもとにした判断につながっているのです。

直観的ディシジョン・メイキングには、短時間に決断を行えるメリットがありますが、一方で気をつけるべきポイントもあります。それは、**判断に先入観や期待などが入り込んでしまうリスク**があることです。つまり、〈直観〉で判断しているつもりでも〈直感〉に頼ってしまっている恐れがあるのです。〈直感〉には「分析することなく無意識のうちにそれらしい答えに導く」という特性があり、これは日常生活において必要な脳の機能です。しかし、ときに大きな間違いをしたり、無意識の判断であるが故に誤りに気づきにくいという側面があります。

たとえば左記の問題を〈直感〉に従って解いてみてください。

【前提】

バットとボールは合わせて1万1000円です。

バットはボールよりも1万円高いです。

【問題】
ボールの値段はいくらでしょう。

多くの人の頭に、1000という数字がひらめくのではないでしょうか。しかし、正解は1000円ではありません。そのことは検算（振り返り）と再計算（修正）を行えば、容易にわかるはずです。

この問題から即座に500円という正解に辿り着いた人は、過去に類似した問題を経験していたのではないでしょうか。このように経験に基づいて素早く正解を導き出すプロセスが〈直観〉であるといえます。ただし、**〈直観〉であっても誤りに至る可能性もあるので、常に振り返りと修正は必要**です。

ディシジョン・メイキングを身につけるために

問題解決につながる判断の技術の磨き方

パイロットは、日々どのような訓練や思考を通じて判断の力を磨いているのでしょうか。ここからは、適切にディシジョン・メイキングを行っていくために必要な準備や心構え、判断力を身につけるコツなどをご紹介します。

良好な判断を行うための心構えとは

パイロットは、ディシジョン・メイキングの6つのプロセスを常に行っています。そして各プロセスには、良好な判断を行うために注意すべきポイントが設定されています。その多くは航空機の運航に特有の内容ですが、日常生活においても役立つものもあるので抜粋してご紹介します。

1 問題を特定する

- 状況分析や予測から、何が問題になるかを見極めている
- 安易な憶測をしていない

2 解決案の選択肢を挙げる

●複数の選択肢を提示している

●一つの選択肢に飛びついていない

3 各選択肢のメリット・デメリットやリスクを評価する

●選択肢のメリット・デメリットやリスクを検討している

●決定のために重視する点を明確にしている

4 適切な解決策を選択して決定する

●最適な解決案を選択している

●選択した解決案を明確にしている

●無用なリスクを冒さない

●制限時間内に解決案を選択し、かつ衝動的でない

5 解決策を実行しながら振り返る

●実行しながら、その決定が最も良いものか考えている

●なぜうまくいかなかったのか確認している

●うまくいった場合も振り返っている

6 解決策を修正する

●結果が思わしくない場合、決定や行動を修正している

●修正の必要性を指摘された場合、素直に受け入れている

※全体を通じて

●適切なリソースから正確で妥当な情報を得ようと努めている

●「何ができるか」ではなく、「何をするべきか」を意識している

何を重視すべきか考えて判断する

問題解決のための判断には、常にメリットとデメリットがあります。

たとえば、追い風は強いけれど揺れが予想される高度を選択したとします。その場合、到着が早くなり、使用する燃料は少なくなりますが、快適さは維持できないことも。パイロットは、最も重要性の高い要素である安全性のほかにも、定時性や快適性、環境への配慮、運航効率などを複合的に考慮し、そのときに最適と考えられる解決策を選択しています。もちろん安全は最優先として、時と場合により重視すべき要素は変わります。明確な正解がないことも多いですが、パイロットには「**このような理由でこのよう**

な判断をしました」と説明できるように判断することが求められます。

「たとえば安全性だけを最優先に考えれば、フライト中は常にシートベルトサインをつけておくのが最も安全です。しかしそれでは、お客さまはトイレにも行けず機内サービスも受けられません。シートベルトサインの点灯一つとっても、安全性を確保したうえで、どれだけ快適な空の旅にできるかということを考えます。

また、航空機の着陸はできるだけスムーズで衝撃が少ない方が、お客さまにとっては快適性が高いもの。一方で、雨や雪などによって滑走路面が滑りやすいときなどは、制動距離が普段よりのびてしまうことを念頭に置き、スムーズな着陸よりも滑走路端から最適な距離の地点にしっかり接地させることを優先する場合もあります。これは快適性よりも安全性を重視しているためです。このように、状況にあわせて適切な判断をしていくことが必要。そのためには、やはり経験が大切なのだと考えています」（金原）

第１章のシチュエーショナル・アウェアネスでは、知識や経験をもとに想像力を働かせて準備することの重要性をお伝えしましたが、それはディシジョン・メイキングにも通じる部分です。自然やお客さまと向き合いながら行う判断には多くの場合、簡単に導き出せる正解はありません。だからこそ、**知識と経験と想像力をベースにした判断の引き出しをどれだけ持てるかがカギになる**のです。

「副操縦士としてコックピットに座っていると、機長との判断の引き出しの差を実感することがあります。たとえば以前、成田―ホノルル線に搭乗した際のことです。当時の自分はホノルル行きの旅客便は旅行者が多いので、定時性よりも快適性を優先したほうが良いと考えていました。具体的には、多少フライトタイムが長くなったとしても揺れないほうが良いのではないか、と。ただ、その便の機長は、自分が思っていた以上に定時性のことを考慮されていました。その理由は、ダニエル・K・イノウエ国際空港は時間帯によっては到着便が集中するため、到着が遅れるとお客さまが入国審査場に長時間並ばなければいけなくなるからです。成田―ホノルル線にはお子さまもお年寄りの方も多いですし、お客さまにとっての快適性は航空機に乗っている間だけではありません。お客さまの旅の快適性を考えれば機長の判断が適切だと思います。その後は私自身も、ホノルル便における定時性の大切さをより強く意識するようになりました。このように、さまざまな経験を積むことで、目的地やお客さまの特性に応じた適切な判断を行えるようになるのです」（金原）

振り返りと修正の習慣を持つ

さまざまな経験を積むことで、状況に応じた要点がわかり、より適切な判断ができるようになる。それはフライトに限らず、車の運転や料理、スポーツ、仕事など、日常におけるさまざまな活動にも通じる部分ではないでしょうか。そこで大切になってくるのが、**一つの経験からより深く学ぶことです。そのためには、振り返りと修正の習慣を身につけるのが近道です。**ディシジョン・メイキングのステップにも振り返りと修正がありますが、自身の経験した判断に対する評価を行い、次回の判断に活かしていく。それができれば、判断の技術は少しずつ磨かれていくはずです。

「私の場合は、毎回フライトが終わる度に、その日のフライトプランの紙に気になったことや自分の判断に対する反省などを書き込んで、写真に撮ってデータとして保存しています。『今日は燃料の搭載量を４０００ポンド多くしたけれど、本当は２０００ポンドでも足りたのではないか』といった具体的で細かいポイントから、その日の機長が話していた印象的な言葉などの抽象的なことまで、内容はさまざまです。そうやって**書き残していくことで過去の経験が自分の頭のなかに鮮明に残り、次回に活かしやすいのです。**

パイロットは基本的に1日で仕事がひと区切りつくので、このようなルーティンを持ちやすい職業です。ただ、もっと長いプロジェクトにかかわるときにも学生生活を送るうえでもこのような習慣を身につけていると、自身の成長につながるのではないでしょうか」（金原）

「フライトが終わる度に、その日に選択してきた判断が最適であったか、判断するまでのプロセスは適切であったかをチームで振り返ります。結果だけに一喜一憂するのではなく、その過程を振り返ることが次のフライトの質を高めるものだと思います。たとえば、着陸の良しあしという結果ではなく、着陸に至るまでの過程で適切な状況認識と判断に基づいて安定した操縦が行われ、それが着陸に結びついたかを振り返ることが大切なのです。わずかな時間であってもチームで振り返りをするルーティンを持つことは、とても意味のあることです。

このようなルーティンは日常生活においても重要だと思います。たとえば学生生活の3、4年というスパンで考えてみても、地道な積み重ねがディシジョン・メイキングの向上につながるはずです」（立岡）

ポジティブな動機づけで日々を振り返るその習慣が良い判断につながる

経験から深い学びを得て判断の引き出しを増やすためには、日々の振り返りと修正が大きな武器になります。けれども、慌ただしい毎日のなかでこのような習慣を持つことは、なかなかハードルが高いことかもしれません。パイロットはどのようなモチベーションでルーティンを続けているのでしょうか。

「正直に言えば、訓練生時代に教官から『日々成長する姿勢を持たないと、将来大きな差がつくぞ』と叩き込まれたこともあって、最初は『先輩や仲間に差をつけられたくない』というネガティブな思いが強かったです（笑）。ただ、実際に日々の振り返りを続けていると、フライト時の判断に役立つことを実感できますし、『今日の経験を次のフライトに結びつけたい』という気持ちが強くなる。そうするとルーティンをこなすことが楽しくなってくるのです」（金原）

「『言われたから行動する』や『教官から注意されないように』という周囲からの評価を気にしたネガティブな外発的動機づけではなく、『うまくなりたい』、『フライトをいいものにしたい』という**ポジティブで内発的な動機づけが習慣となると、より成長のスピードは速くなります**。それは、ディシジョン・メイキングに限らず、すべての場面でいえることだと思います」（立岡）

ディシジョン・メイキングを人生に活かす

意思決定までのプロセスを意識する

日々の生活に関する小さな選択から将来の進路選びまで、人生は判断の連続です。そのなかには、ディシジョン・メイキングのスキルを活かせる場面も数多くあります。問題を特定し、選択肢を挙げ、リスク評価を行い、解決策を決定する。そして決定を振返り、修正していく。このようなステップを踏むことで、判断において考えるべきことがより明確になるからです。

ここからは、判断にまつわる悩みやシチュエーションごとにディシジョン・メイキングの活かし方をご紹介。現役パイロット自身の経験やアドバイスもお伝えします。

Q 優柔不断で決断ができない

誰にでも何を選べば良いのかわからなくなるときはあります。人生を左右するような大きな決断を前にしたときは一度立ち止まり、とことん悩み抜いてみることも必要です。一方で、**ほとんどの決断にはタイムリミットがあることも事実です。**そのような場合にはディシジョン・メイキングのスキルを活用し、「○○までに決断する」と時間的制約をあえて明確にしてみるのも良いでしょう。たとえこのときにした決断が誤っていたとしても、その後に修正していくことができれば、ベターな行動に結びついていく可能性は高まります。

「一般的に『パイロットに優柔不断な人はいない』というイメージがあると思いますが、実はそんなことはありません。パイロットは自然を相手にする仕事でもあるので、目の前に明確な正解がないことがほとんど。私自身にも優柔不断な部分があり、フライト中には『こっちの選択肢も、あっちの選択肢も良さそう』と考えることもあります。

そんなときに実感するのは、**優柔不断になってしまう背景には準備や経験の不足がある**、ということです。たとえば副操縦士になりたての頃は『あっちも、こっちも』と迷っていたような状況でも、今なら分析的に判断できることも数多くあります。つまり、**優柔不断は性格的なものというよりも、材料不足による部分が多い**のではないかと思います。

優柔不断とは逆に、**目の前の選択肢に安易に飛びついてしまうことにも注意**をしています。これも準備と経験の不足が原因です。ディシジョン・メイキングのプロセスの一つにリスク評価がありますが、これをせずに決定してしまうとなかなか良い結果にはつながりません。

もちろん、人生には知識や経験ではどうにもならない決断もあります。でも仕事やスポーツ、研究などに対して優柔不断になっていると感じたときは、判断に必要な準備や経験に目を向けてみることが有効だと思います。また、もしも誤った判断をしてしまった場合には、その経験を自分の判断の引き出しにしていくことも必要だと思います」（金原）

「フライト中は同じ空域を飛行している他の航空機から、揺れに関する多くの情報が入ります。それは自社の航空機に限らず、すべての航空会社が共有しているもので、皆で空の安全を守っています。しかし、その情報を通報している航空機の大きさ、時間、位置、高度などが自機に有効なものかを評価し、客観的なデータを用いて分析をしないと、情報に振り回されてしまい、根拠のある適切な判断ができません。『誰々が言ったから』

ではなく、情報を参考にしたうえで『自分はこう考える』と判断に責任を持つことが大切です」（立岡）

Q チーム内で意見がまとまらない

グループワークやチームスポーツなど複数のメンバーがかかわるプロジェクトでは、一人一人のメンバーの意見が分かれてしまい、チームとしての決定がうまくできないこともあります。このようなときにまず意識したい前提があります。それは、**一人よりも複数のメンバーで話し合って決断した方が**、**より良い結果につながる可能性が高い**ということです。日本航空が機長と副操縦士によるマルチ・クルー・コオペレーションという概念を採用しているのも、多様な視点や意見を活かしながらチームで最適な判断をすることで、チームとしてより安全な運航を行うことができるからです。

つまり、さまざまな意見があることは、より良い決断へのプロセスでもあるのです。そのためには、チームのメンバー一人一人が目指す目標や方向性を一つにしていくことが大切です。

「出発前のブリーフィングでは、必要な情報を共有した後にフライトの方針を決めます。安全性を確保したうえで、定時性、快適性、環境配慮、効率性の観点からチームとしてのフライトの方向性を示すのです。そうすることにより、どの経路と高度を選択して、どれだけの燃料を搭載するか、また環境に配慮してどのような方式で離陸するかなど、同じ目標のなかにもさまざまな意見を取り入れることができます。このプロセスは、とても大切なポイントです。

もしチーム内の意見が分かれているなら、まずは**どこに認識のズレがあるのかを明確にしてみる**と良いと思います。チームとして判断するためには、そこに至るまでの過程において一つ一つ認識をあわせていくことが大切です」（立岡）

マルチ・クルー・コオペレーションにおいては、機長と副操縦士はともに状況の認識や判断のための能力を発揮します。そのうえで、機長が最終的にチームとしての決定をします。このように複数のメンバーがかかわるプロジェクトの場合、**最終決定権のある**

リーダーをあらかじめ決めておくことも有効です。

Q 本当にこの判断で良かったのだろうか？と不安になる

進学や就職など、大きな決断になればなるほど「本当にこれで良かったのだろうか？」と不安になってしまうもの。人生には正解がありません。だからこそ、人は迷いや不安を抱えて生きています。

自然を相手にするパイロットの仕事も、多くの場合は明快な正解はありません。では、パイロットは自身の判断とどのように向き合っているのでしょうか。

「お客さまにとっては何事もなく安全に到着したフライトであったとしても、我々パイロットにとっては自分の準備が的確で良かったと思えるフライトもあれば、課題だらけだったと思うこともたくさんあります。しかし、終わってしまったフライトをやり直すことはできません。もっと良い判断ができたかもしれないと思うときは、なぜそうできなかったかの原因を考え、次のフライトに活かします。そんな日々を繰り返し、何年後かに振り返ったとき、かつてはできなかったことが当たり前にできるようになっていることがある。そんなときに自分の成長を感じ、自分が歩んできた道が少なくとも間違いではなかったと感じることができるのです。

実は私自身も就職活動やキャリアのなかで、さまざまな迷いや難しい判断に直面してきました。学生時代からパイロットを目指していましたが、最初の就職活動では全社不合格。一度は他業界に就職することも考えました。ただ、どうしてもパイロットへの道が諦められず、留年して再挑戦するという判断をしました。2年目の就職活動では『一年目は本気度が足りなかった』という反省を活かして、面接の練習をビデオで撮影して分析したり、パイロット関連の本を読み込んだり……。より立体的にパイロットという仕事を理解できるように努力しました。その結果が今につながっていますし、私にとって大きな成功体験になっています」（金原）

適切な判断を行うことと同じくらい、**失敗や挫折から修正していくことも大切**です。

パイロット訓練生に聞いたノンテクニカルスキル活用法❷

ディシジョン・メイキング／問題解決につながる判断の技術 編

この技術を身につけると、
日々の生活や仕事などは
どう変わっていくのか。
実際にディシジョン・メイキングを
学んだパイロット訓練生の声を
ご紹介します。

Voice 01

ディシジョン・メイキングを、大学の部活において活用した。毎回の練習で自分に足りない部分を特定し、練習後のミーティングでそのときの行動を振り返って次回の対応策を考えることで、問題の解決につながると感じた。

Voice 02

学生駅伝の運営を担当していた際、レース中の進入車両を削減する必要があった。特に進入が多い地域を調べると、ドライバーと交通整理員（地元のボランティア）との間で「地元のよしみ」が働いていることが判明。ボランティアの方々への業務説明会を開催することで、正しい業務遂行への協力をお願いした。その結果、大会当日は進入車両をなくすことができた。大会後にボランティアの方へアンケートをとると、「例年曖昧だった業務内容を今回しっかり把握できた」との声をいただけたため、次年度以降も説明会を継続することに決まった。このように問題を特定して解決策を講じ、事後に振り返るディシジョン・メイキングは、問題に対する効果的な処置と、その維持または改善に役立つと思う。

Voice 03

大学生活の勉学、特に論文執筆に関して重要だと感じたのはディシジョン・メイキングとコミュニケーションだ。問題を特定しない限り、論文執筆は何も始まらないうえ、教授あるいは共同論文執筆者に何が問題で何をしたいのか明確に伝えないと、研究が進むこともない。ノンテクニカルスキルは普段の研究活動のなかで、必要に迫られ、気づかないうちに得ていく技術でもあると考えている。

Voice 04

定期テストという共通の課題に対して、出題範囲などを分析して、友人と互いの得意不得意を理解したうえで分担して勉強に取り組み、教え合う関係を構築する。そうすれば勉強時間の効率化と理解度の向上を同時に実現できると思う。

Voice 05

ディシジョン・メイキングは、アルバイトで自身の生産性を向上させる際に役立った。働き始めたときは、言われたことしかできない指示待ち人間だったが、その仕事内容を後から振り返ったり、ミスを反省したりすることで自身の生産性が向上し、より効率的な動きをすることができるようになった。

Voice 06

ビジネスはディシジョン・メイキングの連続だと感じている。何か物事を進めたいときに問題は必ず発生するもの。勘ではなく根拠を持って判断することを意識した。たとえば社内サービスを展開して伸び悩んでいた際、収集したアクセスデータをもとにサイトを改善することができた。

Voice 07

問題を特定し、解決策を考え出し、行動を振り返る。シンプルなことだが、実践するとなると難しい。前職（法人営業）でも、どこに問題が発生していたのか、そもそも原因は何なのかを正確に特定することが、お客さまのご要望にお応えする第一歩だった。また、行動を振り返ってそれを同僚と共有することも、重要である。

Voice 08

20人のメンバーで構成されるチームのリーダーとなった際、日々発生する課題と向き合った。このときディシジョン・メイキングの思考法を用いて、まずは現状を分析し問題点を明確化することができた。また、リーダーとして課題特定から解決、振り返りまでのPDCAサイクルを回せたことで、チーム内でのイニシアチブを取ることができた。

※運航企画部リソース戦略グループ調べ。パイロット訓練生150名のアンケート回答から一部抜粋。

ワークロード・マネジメント

Workload Management

第3章 作業負荷をマネジメントする技術

ワークロード・マネジメントとは何か

作業負荷をマネジメントする

フライト中のパイロットは、多くのタスクを実行しています。

たとえば短距離の国内線の場合、航空機が巡航に入るとすぐに目的地空港の気象情報を取得し、予想される到着経路と使用滑走路に対応する進入方式をコンピュータに入力します。そのうえで、航空機の操縦や周囲の状況認識、管制との通信やその指示に対処しながら、同時に到着経路と着陸する滑走路に応じたブリーフィングをパイロット間で行います。このように**運航中には、さまざまな「するべき作業」が、突発的なものも含めて数多く発生**しています。

さまざまなタスクと向き合うときにパイロットが気をつけているのが**「オーバーロード（Overload）の回避」**です。オーバーロードとは、日本語で〈過負荷〉のこと。つまり一定の時間内に多くの作業負荷（ワークロード）が集中した状態で、この状態になると本来発揮すべきパフォーマンスレベルを保つことが難しくなります。また、オーバーロードとは逆の**アンダーロード**（Underload）＝**〈ワークロードの不足〉にも**

注意を払う必要があります。ワークロードがあまりにも低い状態は、集中力不足などを引き起こす可能性があるからです。

つまり、フライト中のパイロットには、**自身にかかるワークロードを適切にマネジメントしていく技術**が求められます。これが3つ目のノンテクニカルスキルである、ワークロード・マネジメントです。

ワークロード・マネジメントのための3つの思考

ワークロード・マネジメントは主に次の3つの思考によって行われます。それぞれに気をつけたいポイントがあるので、まずは簡単に紹介します。

■ 時間を有効に使う（Time Management）

- あらかじめ実行できることは実行しておく
- 時間を作り出す
- ワークロードが低い間にワークロードが高くなるフェーズの計画をしておく

- タスクを確実に行うのに十分な時間を割り当てる

■ **優先順位をつける（Prioritize）**

- タスクの優先順位をつける
- 行うべきタスクを取捨選択する
- 〈Aviate, Navigate, Communicate〉の原則にもとづき、優先順位を決める
- 優先順位の決定をメンバー間で共有する

■ **タスクを配分する（Distribute）**

- オーバーロードになる（なった）場合、同乗するパイロットに表明する
- タスクを適切に配分する
- オートメーションを有効に活用する
- 特定のスレットの対処に集中しないようにタスク配分する

※全体を通じて

- 落ち着いており、リラックスしていて注意深さを保つ
- オーバーロードだけでなくアンダーロードにも注意を払う
- 同乗するパイロットのワークロードにも気を配る

「航空機は目的地に向かって常に飛行を続けているため、すべてのタスクにはタイムリミットがあります。『今どこにいて、いつまでに何をすべきか』を明確にするためには、まず**適切なシチュエーショナル・アウェアネスやディシジョン・メイキングが行われていることが前提**となります。そのうえで、時間を有効に使いながら優先順位をつけて、チーム内で適切にタスクを配分していくことがフライト中には求められます」（金原）

「コックピット内で2人のパイロットがオーバーロードになると、何から手をつけて良いかわからなくなってしまいます。つまり自分たちの周りで何が起こっているのか状況を認識する力や判断する力が低下し、一つ一つに適切な優先順位をつけて実行することができなくなるのです。これはエラーにつながり得るリスクです。この事態を回避するために必要なことの一つが、事前の準備です。

ワークロードが高まるシチュエーションの一つに、離着陸に使用する滑走路の変更があります。当初は滑走路Aに着陸する予定だったけれど、風の影響で滑走路Bに変更になるといったことは頻繁に起こること。そうなると、滑走路Aを想定した事前のブリーフィングやコンピュータの入力は有効ではなくなるため、再度それらのタスクを行う必要があり、パイロットのワークロードは一気に高まります。

ただし、気象情報などから滑走路Bへの変更の可能性を事前に予測できていれば、『今日は滑走路Bへの変更の可能性がある。その場合は……』とイメージを共有しておくことができますし、変更に備えてコンピュータに2つの経路を入力しておくことも可能です。このような準備を行っておくことで、状況が変化したときもオーバーロードにならずに想定どおりに適切に対処することができます。**良好なシチュエーショナル・アウェアネスによって状況を認識、分析、予測する。そのうえで事前に対策を立てておくこと**がワークロード・マネジメントにおいても大変重要です」（立岡）

忙しすぎても余裕がありすぎても要注意

オーバーロードやアンダーロードの状態を回避し、適切なパフォーマンスレベルを保

図1 ワークロードとパフォーマンスレベルの関係イメージ

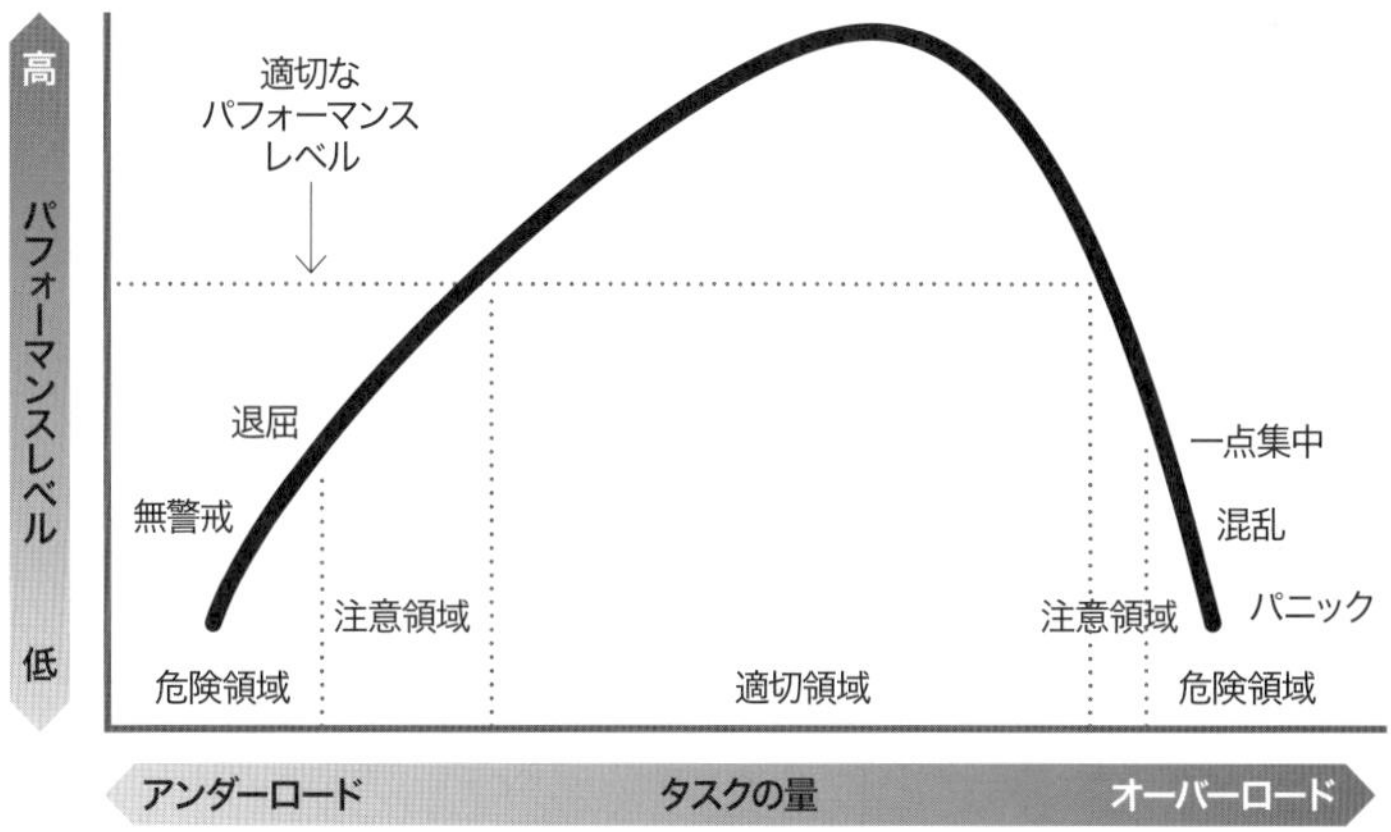

つことがワークロード・マネジメントです。

図1のとおり、一定の時間内に行うべきタスクが多すぎる**オーバーロードの状態になると、人間は混乱やパニックを引き起こし、本来のパフォーマンスを発揮することができなくなります**。また、ワークロードが一定レベルに満たないアンダーロードの状態では、人間の脳は待機状態になってしまうため、**無警戒や退屈などから思わぬエラーをしたり、予期せぬ異変に気づかなくなったりすることがあり得ます**。

オーバーロードやアンダーロードの状態を、レストランでのアルバイトに置き換えて考えてみましょう。

たとえば通常は比較的空いている時間帯にもかかわらず、お客さまがひっきりなしに来店し、お店が満席状態になったとします。このときお店には十分な人数のスタッフがいないため、キッチンスタッフもホールスタッフも対処すべき仕事が山積みになってしまいます。こうなるとオーバーロードの状態ですから、料理を提供するのに時間がかかったり、オーダーミスなどが発生したりする恐れがあります。そして、このオーダーミスへの対処といった新たなタスクが雪だるま式に増加してしまうと、いつもならできているはずのサービスができなくなってしまうでしょう。もしも混雑を適切に予想して、ワークロードが低いうちにワークロードが高くなった場合の計画をしていれば、このような事態は避けられたかもしれません。

反対に、混雑を予想していたにもかかわらず、お店にほとんどお客さまが現れなかったとします。そうすると一人一人のスタッフに緊張感が欠けてしまい、うっかりミスが発生するリスクがあります。「アンダーロードの状態は危険」と認識し、手の空いているスタッフが掃除や備品のチェックを行うといったタスクを実行することで、このような事態を避けられる可能性があります。

「ある機長からの印象的なアドバイスがあります。それは**『条件が良いときほど、リスクが潜んでいると考えろ』**というものです。私たちは着陸時においても航空機の操縦だけでなく管制許可を得たり、周囲の航空機の動きを把握したり、適切に機体の着陸態勢が整っているかを確認したりするなど、さまざまなタスクを抱えています。たとえば突風を伴う強風時の着陸では、航空機の速度や進入角度が常に変化するため、その変化に即座に対処する必要があります。そういった状況が予想される場合は、そのフェーズにタスクが重ならないように事前にワークロード・マネジメントをしておきますし、適度な緊張感を持って着陸にも臨みます。その結果、適切なワークロードが保たれ、適切なパフォーマンスレベルも同時に維持することができるのです。

一方で、風も穏やかで他にスレットもない着陸時には、心に余裕が生まれることで『今日は条件も良いから、できる限りスムーズな着陸をしよう』と過度に意気込んでしまうケースがあります。そうなると機体の操縦に一点集中する状態になり、突発的なスレットや周囲の状況変化を適切に認識できなくなってしまうリスクが発生します。**スレットが少ないときほど、適度な緊張と警戒心を維持する必要がある。**あらためてそう気づかせてもらった言葉でした」（金原）

タスクの優先順位のつけ方

複数のタスクが重なったとき、パイロットはどのように優先順位をつけているのでしょうか。**ポイントとなるのが〈緊急度〉と〈重要度〉**です。

次頁のマトリックス図は横軸が〈緊急度〉を、縦軸が〈重要度〉を表していますが、タスクが右上にいけばいくほど優先順位は高くなります。判断が難しいのは右下（緊急度が高くて重要度が低い）と左上（緊急度が低くて重要度が高い）のタスクのどちらを選ぶかという点ですが、フライトにおけるタスクにはタイムリミットがあります。そのため図2のとおり、右下のタスクが優先されるべきでしょう。

ただし、航空機は飛行を続けているため、時間の経過とともに緊急度は変化していきます。❶のタスクを実行している間に❸のタイムリミットが迫っていたという場合には、重要度の低い❷のタスクを実施しないという判断が必要になる場合もあります。

「複数のタスクが重なり、オーバーロードの兆候があるときは『Aviate, Navigate,

図2 **タスクの優先順位のつけ方**

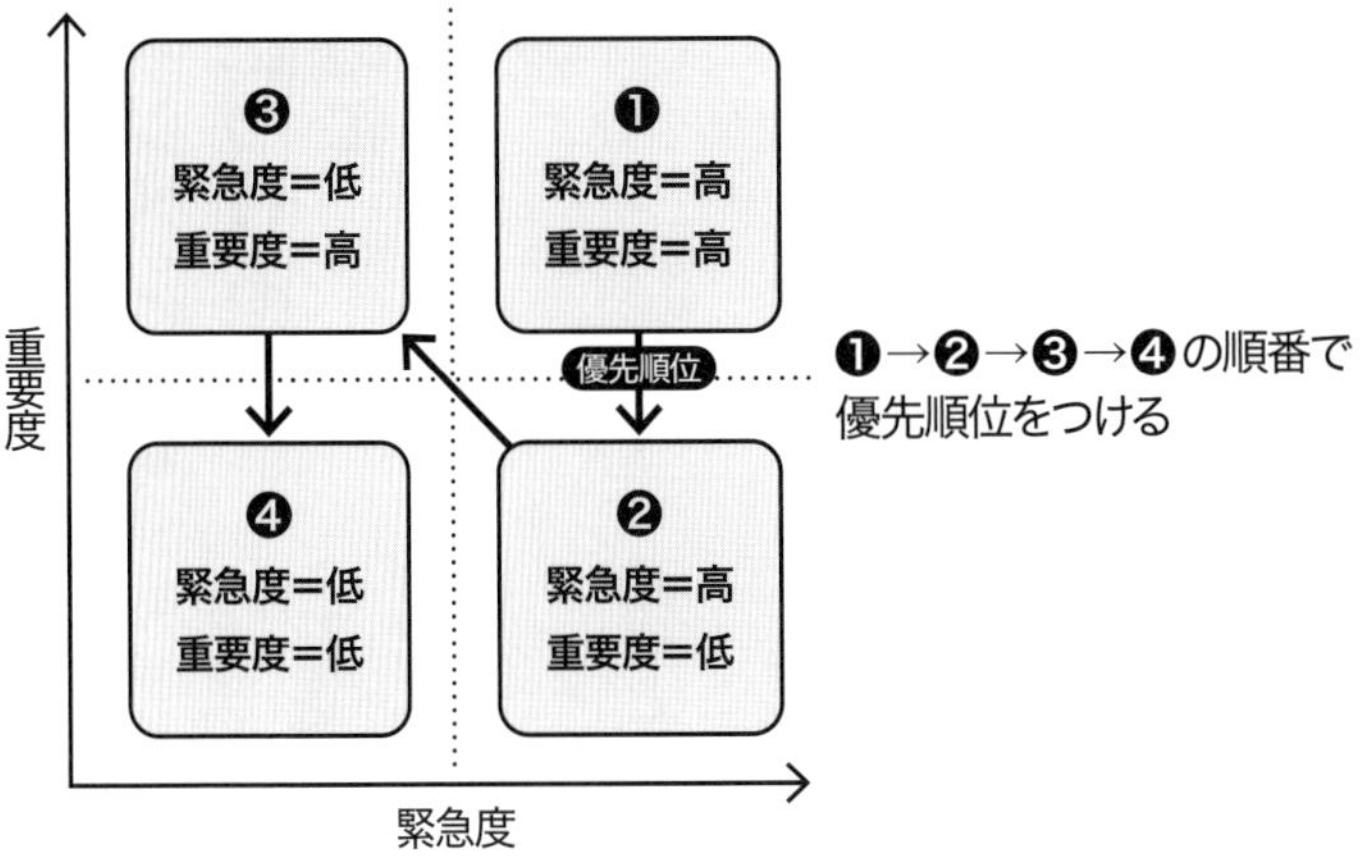

Communicate（飛行する、進路を維持する、情報伝達をする）』という**原則に立ち返ることも重要**です。まずは航空機の姿勢やエンジン出力などを確認し、飛行のための適切な航空機のパフォーマンスを維持する。そして航空機の現在の位置と進路が正しいことを確認することで航行の安全性を確保し、そのうえで管制官など外部との情報共有を行う。このような基本的なことができているかを確認したうえで、あらためてタスクに優先順位づけをして立て直していくことが大切です」（立岡）

ワークロード・マネジメントを身につけるために

作業負荷をマネジメントする技術の磨き方

自身のパフォーマンスレベルを保つために欠かせないワークロード・マネジメント。**これを適切に行うためには、シチュエーショナル・アウェアネスやディシジョン・メイキングと同様に事前の準備が欠かせません。**そのほかにも、ワークロード・マネジメントを身につけるために意識すべきポイントがあるのでご紹介します。

基礎となるタスクの習熟度を上げておく

出発前の航空機では、さまざまな職種の人々が出発時刻に向けてそれぞれのタスクを実行しています。客室乗務員はお客さまを機内に案内し、手荷物がきちんと収納されているかを確認しています。整備士は航空機の状態をチェックしながら整備を行い、管制官は空港の状況を把握しながら安全に出発できるように指示を出しています。パイロットは出発に必要なスイッチ操作や確認項目のチェックなどを行うと同時に、客室乗務員や整備士、管制官などとコミュニケーションを取りながら、運航の最終責任者としてさまざまな判断や行動をしています。つまり、出発前はパイロットにとってワークロード

が高まる場面の一つです。
このときに重要になってくるのが、スイッチ操作や確認項目のチェックなどの定められた手順を、いかに正確に円滑に行えるかです。パイロットにとって**基礎となるこれらのタスクの習熟度が上がっているほど、時間に余裕が生まれて突発的な出来事にも対処しやすくなります。**

「訓練生時代の基礎過程では、自動操縦機能のない小型機で飛行訓練を行います。この訓練では、手動で航空機の状態を安定させながら、各フェーズで必要なタスクを行い、さらに管制とのやり取りも行う必要があります。習熟度が低いと、どうしてもそれらをこなすことばかりに集中してしまったり、一つ一つのタスクに要する時間が長くなることでオーバーロードになったり、周囲の状況が見えなくなったり……。そのような状態では、適切なシチュエーショナル・アウェアネスもワークロード・マネジメントもできません。やはり、基礎的な技術の習熟度を上げることは大切な要素。これはパイロットの仕事だけでなく、あらゆる仕事やスポーツにも共通することだと思います」（金原）

「**個人がもともと持っている処理能力には限界があります。**また、**このキャパシティーには、それほど個人差はない**と思います。それでも一つ一つの手順を正確かつ円滑に行う基本的な能力と習熟度を向上させることでワークロードが軽減され、周囲の状況を認識する余裕が生まれる。その結果、タスクに適切な優先順位をつけて実行することができるようになります」（立岡）

パイロットはマルチタスク？

航空機の操縦をしながら状況に合わせてさまざまな判断を行うパイロットは、同時に複数のタスクを実行するマルチタスクのスキルを身につけていると思われるかもしれません。しかし、人間の脳は元来マルチタスクには不向きで、**2つ以上のタスクを同時に行う場合、注意が一方のタスクに偏る傾向がある**といわれています。マルチタスクは一見効率の良いタスク処理方法のようですが、実はエラーの発生率が高まり、効率を落としているという研究結果もあるのです。

では、パイロットはどうして複数のタスクの処理ができるのでしょうか。それは、**一つのタスクから別のタスクへと素早く切り替えるスイッチタスクのスキル**を活用しているからです。

「パイロット養成訓練の基礎課程に、所定の2地点間を航行する訓練があります。この訓練では、離陸後巡航高度に到達した段階で手動による操縦を行いつつ、到着時間や燃料の残量を計算するタスクがあります。その際、『早く計算を終わらせなければ』と思うあまり、計算だけに集中してしまうことがあります。そうすると航空機の姿勢の変化に気づかずに高度や経路から逸脱してしまい、元の状態に戻すためのタスクも発生する。結果的に、計算どころか航空機を不安定な状態にしてしまうのです。

このように同時進行している複数のタスクがある場合は、一つのタスクだけに注意が偏ることを避けることが重要です。たとえば一つの計算を実行したら、航空機の姿勢や

飛んでいる方向を確認して、また計算に戻る。このように、適切なインターバルでタスクを切り替えることが必要です」（立岡）

時間軸を意識すること タスク実行に必要な時間を作り出すこと

パイロットは限られた時間のなかでさまざまなタスクに対処しています。そのため、フライト全般において時間軸を把握しておくことは非常に重要です。どのタイミングでどのタスクを実施すべきなのかを事前に想像しておくことによって、実際の場面における対処力は高まるからです。また、時間内でのタスク実行が難しいと判断する場合には、航空機の速度を落としてタイムリミットまでの時間をのばすなど、**タスク完了までの時間を作ることもあります。**

「パイロットはフライト中、機内サービスの進捗にも注意を払っています。たとえば、揺れがない時間帯にサービスを終わらせることができるようにすることもタスクの一つ。もしもこの先に揺れが予想される場合には、シートベルトサインを点灯するまでに何分かかるか、機内の片づけまでに何分かかるかといった点を客室乗務員と連携します。このとき、揺れを避けるための管制官との交信や揺れからの回避操作、客室乗務員との連携などが重なるとワークロードが高まり、エラーにつながりかねません。もし揺れによってサービスを中断せざるを得ない状況が予想される場合は、飛行高度の変更をするなどして、サービスのための時間、つまりタスクを完了させるまでの時間を作り出すこともあります」（立岡）

チームとしてワークロードをマネジメントする

航空機の運航に限らず、チームとして一つの目標に向かう場合、**自分だけでなく同乗するパイロットのワークロードにも気を配ることが必要**です。パイロットの誰かがオーバーロードになってしまうと、そのマイナスをカバーするためのタスクが発生し、チーム全体のパフォーマンスが大きく損なわれる可能性があるからです。

個人差はありますが、オーバーロードになると次頁の兆候が現れることがあります。これらの兆候を知っておくことは、自身だけでなく他者がオーバーロードになったことを知るためにも役立ちます。

オーバーロード時の兆候

- パフォーマンスの急速な低下
- 一点集中
- 安易な行動
- 情報の遮断
- 感情の起伏
- 落ち着かない
- 震え
- パニック
- 黙り込む

「話し方が焦っていたり、黙ってしまったり、通常の手順が抜けてしまっていたり……」。訓練の初期ではアップセット（混乱）してしまったことによって、このような兆候が出ることはよくあります。**オーバーロードになっている人は周囲の状況が見えなくなっているため、客観的に自身にその兆候が現れていることに気づかず、自ら回復することが**

難しい。これは複雑かつ常に状況が変化するフライトにおいても起こりうることです。チーム全体のワークロード・マネジメントを維持するために、他者の様子にも意識を向けておくことはとても大切です」（立岡）

ワークロード・マネジメントを人生に活かす

「計画」と「優先順位づけ」と「タスク配分」どこに問題があるのかを考える

勉強、アルバイト、仕事、趣味など、さまざまなイベントが同時進行するのが人生の醍醐味。ときにはやるべきこと（タスク）が集中してしまい、思ったように物事が進まなくなることもあるでしょう。そんなときには、ワークロード・マネジメントの基礎となる次の3つの思考に立ち返り、問題を整理してみてはいかがでしょうか。

「計画」とは、タスクの目的を明確にし、時間を有効に使うこと。
「優先順位づけ」とは、タスクを実行する順番を考えること。
「タスク配分」とは、スイッチタスクで物事を解決したり、チーム内でタスクを分担し合うこと。

もしもワークロードの対処に悩んだときには、「計画」「優先順位づけ」「タスク配分」のどの思考に注意を払うべきか意識することが大切です。

ここからは、そのような前提をふまえて、ワークロード・マネジメントの思考法を活かせる人生のシチュエーションや、現役パイロットからのアドバイスをご紹介します。

Q 勉強、部活、課外活動……。やるべきことが多すぎる

勉学に励んだり、部活やアルバイトに取り組んだり、旅行や留学などで見聞を広めたり……。やりたいこともやるべきことも多すぎて、「1日が24時間では足りない！」という方もいるでしょう。そんなときに、目の前にあるタスクにやみくもに飛びついてしまうと、すべてが中途半端な結果になってしまうかもしれません。ここで意識したいのは、ワークロード・マネジメントにおける「計画」と「優先順位づけ」です。「計画」においては、**事前に準備できるものはしておくことが大切。また、一つ一つのタスクを確実に行うために十分な時間を割り当てることも必要**です。

一方「優先順位づけ」においては、優先すべきタスクを明確にし、**取捨選択することが必要。複数のメンバーと協力し合うタスクの場合は、優先順位をメンバー間で共有しておくことも重要なポイント**となります。

「パイロットの訓練プログラムは最終的な目標、フェーズごとの目標、レッスンごとの目標を定めています。大きな目標は一朝一夕に成し得るものではありません。最終的な目標を思い描きながら、必要なことを一つ一つ計画的に積み上げていくのです。そこには『やりたいこと』ではなく、『やるべきこと』が山のようにあります。目標を立て、計画的に優先順位をつけることで、『今、何をすべきか』が見えてくるはずです」(立岡)

「ワークロード・マネジメントは、限られた時間のなかでワークロードを適切にコントロールしていく技術。そこには『効率性』を追い求める側面もあります。ただ、人生という長い時間軸においては、**目の前の効率性だけを追い求めるのはもったいない**とも感じます。私自身も訓練生時代には、回り道や非効率な学習を行ってきたと思います。けれど、そのような経験が現在になって活きていると感じることも多いのです。だから、効率性だけを重視するのではなく、寄り道や無駄も含めてさまざまな経験をすることの大切さも忘れないでほしいですね」(金原)

Q ほかの人に比べて作業に時間がかかり、ミスも多い

複数のメンバーで目標に向かって活動するとき、自分がほかの人に比べて作業処理能力が低いと感じることもあるかもしれません。そんなときには、**単純に作業の習熟度が低いのか、マネジメントが適切にできていないのかを考える**ことも必要です。前者の場合は、習熟度を高めるための練習を行うことが作業処理能力向上への近道になるでしょう。後者であれば、「計画」や「優先順位づけ」「タスク配分」などをあらためて見直してみてはいかがでしょうか。

「アルバイトや試験における単純ミスなどは、**アンダーロードの状態に由来するものもある**と思います。問題や作業が簡単に思えるときほど、適度な緊張感や警戒心を持つことを意識してください」（金原）

「**深く考えなくてもできてしまうようなタスクほど、思わぬミスが起こりやすいもの。**パイロットは基本的な作業ほど、適度な緊張感を持って丁寧に確実に行うことを心がけています。また、目の前に注意をそらすものやタスクの妨げとなるものが多数存在するなど、さまざまなことに注意を向けなければいけない場合にも、作業は遅くなりミスも増えます。だからこそ計画を振り返り、『今何をすべきか』を認識してタスクを確実に実施することが大切です」（立岡）

特定の問題や作業だけに一点集中してしまうことも、ミスを誘発する要因となり得ます。ときには俯瞰してタスク全体を見回してみることを、意識してみてはいかがでしょうか。

Q 仕事やタスクを抱え込んでしまう

部活やゼミでの共同研究、アルバイトなど、チームで取り組む活動の場合、ワークロードが特定のメンバーに集中してしまうことはよく起こります。そのようなときは、ワークロード・マネジメントにおける**「タスク配分」が適切に行われているかを意識**しましょう。

「私自身も訓練生時代に『タスク配分』がうまくできなかった経験があります。当時、私は8名の訓練生で構成されるチームのリーダーをしていたのですが、最初は『リーダーなのだから』とさまざまなタスクを抱え込んでしまい、ほかのメンバーに『一人でそんなに抱え込もうとしないでいいよ』と言われました。訓練もフライトもチームプレーです。一人一人の長所を把握したうえで、うまく『タスク配分』ができていれば、チームとしてより充実した訓練を行えたと感じています。

チーム内でうまく『タスク配分』を行うためには、**メンバー同士が普段からコミュニケーションを取ってお互いを知り**、**信頼関係を構築**していくことが欠かせません。それぞれの長所を活かすことができれば、チームとしても自分としてもより深い学びにつながるのではないかと思います」（金原）

「操縦室内では『Area of Responsibility』という概念があります。これは2人のパイロットがそれぞれ担当するエリアを決め、自身のエリアのコントロールおよびスイッチ類の操作を正確かつ確実に実施するためのものです。このように責任の所在を明確にすることにより、お互いのワークロードが軽減されます。また、相手のエリアについても十分に理解し、オーバーロードになっているときには担当エリアであるか否かにかかわらず、モニターや操作をして報告する。それがチーム全体のワークロードを適切に維持することにつながります」（立岡）

パイロット訓練生に聞いたノンテクニカルスキル活用法❸

ワークロード・マネジメント／作業負荷をマネジメントする技術 編

この技術を身につけると、日々の生活や仕事などはどう変わっていくのか。実際にワークロード・マネジメントを学んだパイロット訓練生の声をご紹介します。

Voice 01

部活において、幹部に仕事が集中し平均的なパフォーマンスが落ちたとき、ワークロード・マネジメントの思考法を用いて部員全体に業務を分散した。その結果、全体的なパフォーマンスが向上しただけでなく、情報の非対称が解消し、より透明性の高い組織となった。

Voice 02

ワークロード・マネジメントは定期テストにも役に立つ考え方だと思う。定期テスト期間にはたくさんの科目の勉強を同時に行わなければならないため、ある特定の科目の対策に時間を割きすぎたり、逆に対策をすることなく本番を迎えてしまうことを避けなければならない。よって、ワークロード・マネジメントを行いながら満遍なく全科目の対策ができるようにすることが大切である。

Voice 03

大学の研究室では、ジェットエンジンの研究をしていた。毎週１回進捗状況をわかりやすくタイムラインで整理しながら全体に共有し、作業の配分を積極的に行うことで、結果的にチームとして実験を早く進めることができた。また、生活のなかで、自分の気持ちが沈んでいる際、そのような状態になっている原因ややるべきタスクを箇条書きにして整理し、優先順位をつけ、一つ一つ解決していくことができた。

Voice 04

イタリアンレストランでアルバイトをしていたが、ピーク時間帯に店内が満席になると、どうしても各自の仕事量に偏りが生じてきてしまう。たとえばスタッフAは、お客さまからのオーダーを取り、料理を配膳し、飲み放題のドリンク作りを一気に行おうとしている。一方で、食器洗いをゆっくりと進めているスタッフBがいる。そのような場合にはスタッフBに声をかけ、食器洗いを後回しにして飲み放題のドリンク作りを担当してもらえるように声がけをした。その結果、ホール全体のワークロードをならすことができたと感じた。ただし、このようなワークロード・マネジメントについては、その職場でのある程度の経験値と全体のワークロードを俯瞰して見られる視点が重要である。

Voice 05

ワークロードが大きくなるときにミスが発生しやすいということを、入社以来強く感じている。大学生の間に、今自分が何から取り組むべきかを考える癖をつけるのは大切だと考える。

Voice 06

大学のゼミでリーダーの立場になったとき、すべての仕事を頑張って一人でこなすのではなく、ワークロード・マネジメントの観点から仕事を仲間に割り振ることで課題への取り組みにおける効率を上げることができた。また、タスクに優先順位をつけることにより、漏れやミスを防ぐこともできていた。

※運航企画部リソース戦略グループ調べ。パイロット訓練生150名のアンケート回答から一部抜粋。

特別インタビュー

パイロット対談

現役パイロットの2人が語る
訓練生時代のこと、仕事の醍醐味などを
対談形式のメッセージとしてお伝えします。
また、仕事に欠かせない必需品が入る、
フライトバッグの中身もご紹介します。

原点は未知の世界へのワクワク感

――まずは、パイロットを志すようになったきっかけを教えてください。

立岡　幼少の頃から乗り物に興味があり、特に鉄道に夢中でした。しかし初めて空港に行ったときに衝撃を受けたんです。間近に眺める飛行機の迫力はもちろん、空港に漂う独特の雰囲気もとても魅力的で……。自分にとって未知の世界が目の前に広がっていて「この先には、何が見えるんだろう」と子どもながらに胸が高鳴ったのを覚えています。振り返ってみると、そんな幼少期の体験が原点にあるように感じます。

金原　私の場合も、子ども時代の経験が大きく影響していると思います。親の仕事の関係でマレーシアに住んでいたのですが、飛行機に乗って家族旅行に行ったり、親戚に会いに行ったりしていたので、飛行機は〝楽しい〟乗り物という印象がありました。その後、大学生になって将来について考えたときに「仕事は人生のなかでも多くの時間を使うもの。だからこそ、自分が〝楽しい〟と思える場所で仕事をしたい」と考えるようになりました。そのような思いと子どもの頃の原体験が結びついたのだと思います。ところで、立岡さんは子どもの頃からずっとパイロットを目指していたんですか？

立岡　いえ。心の片隅に憧れはあったものの、自分とはどこか遠い世界の仕事だと思っていました。ところが、大学時代に所属していた部活の先輩が日本航空に入社してパイロットになったという話を聞いて「自分にもチャンスがあるのかもしれない」と思うようになったんです。それでパイロットについて調べてみた

777運航乗員部 機長
運航企画部リソース戦略グループ
立岡 孝弘

機長の帽子のつばには月桂樹の刺繍が施されている。

制服につける肩章のラインは、機長は４本、副操縦士は３本という違いがある。胸章は同じ。

ら、すごく興味を惹かれましたね。自分の能力を磨きながらチームとしてベストを目指すということが、それまで打ち込んできた部活とも共通していたし、何より「空を飛ぶ」という未知の世界にチャレンジできることが魅力的でした。

一歩一歩成長することの喜び

——その後、晴れてパイロット訓練生となったわけですが、養成訓練は順調に進みましたか？

立岡　とんでもない（笑）。最初は知識も経験もまったくないゼロからのスタートで、自分が空を飛んでいる姿を想像すらできませんでした。ですから思いどおりにいかないことも多く、不安も大きかったです。しかし、訓練を積み重ねていく過程で、知識を知恵に変えることの大切さを知り、航空機を操縦する技量だけ

パイロットの必需品を入れるフライトバッグ。現在は扱いやすいナイロン素材が主流。

787運航乗員部 副操縦士
兼務 運航企画部リソース戦略グループ
金原 基樹

ではなく、認知のスキルを身につけることもできました。同時に、フライトにかかわる人や仲間との対人スキルの難しさを知るようになりました。そして、初めは教官の指導についていくのがやっとだったのが、少しずつ主体的に考えてフライトを組み立てられるようになる。こうして空を飛ぶことを通じて自分が成長していく感覚に充実感を覚えました。準備を重ねて空を飛ぶことへの想像が深まると、フライトをするのが楽しみになり、不安から喜びに変わるのを感じました。フライトが準備どおりにいかなかったときは悔しくて、次のフライトが待ち遠しかったです。

金原　訓練生の頃は毎日が精一杯だったというのが正直なところですが、苦労もひっくるめて本当に楽しく充実していたというのが私の感想です。やはり私にとってもパイロット養成訓練は、成長の楽しさと難し

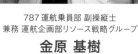

さを実感する経験でした。訓練を行う度に自分のできることが増えていく手応えを感じられる一方で、新しい課題にも次々と直面します。自分の弱点と本気で向き合い、先輩や仲間の力を借りながらそれらを少しずつ克服していった気がします。それは、パイロットになった今も変わらないことだと実感しています。

挑戦の先に見える〝新しい景色〟

――パイロットの仕事の醍醐味とは何ですか？

立岡　「挑戦の先に見える〝新しい景色〟」だと感じています。今となっては空の旅は日常になっていますが、もともと人間自体には空を飛ぶ能力は与えられていないわけですし、人類が動力を使って空を飛び始めてからまだ100年と少ししかたっていません。その意味で「空を飛ぶ」ということは今もこれからもチャレンジングなこと。そして、空への挑戦は自分自身への挑戦だとも思っています。私は25年以上パイロットを務めていますが、未だに自分で100点満点をつけられるフライトはありません。だからこそ、いつもフライトを振り返り、自身の弱点と向き合い、次はより良いフライトにするように挑戦を繰り返しています。そうすると、昨日までの自分には見えなかった〝新しい景色〟が目の前に広がるような感覚に出合えるときがあるんです。そして、その挑戦がお客さまの安心と、一緒に安全を守る仲間との喜びにつながる。それが、パイロットという仕事のやりがいであり、醍醐味だと実感しています。

金原　パイロットの仕事は自然相手でもあり、機械相手でもあり、人間相手でもある。お客さまと自分たちの命を守るという絶対的な目的はありながらも、そこに至る過程には毎回明確な正解があるわけでもありません。そこには忖度もないですし、ごまかしも通用しません。一つ一つのフライトには自分の実力が如実にあらわれますし、逆にいえば自分の成長次第でフライトの質をどこまでも高めることができる。私もその点に、やはり大きなやりがいを感じますね。また、客室乗務員や整備士、地上のスタッフなどさまざまな人たちと関わりながら、〝チームとして〟安全運航の実現を目指せることも、この仕事の面白さです。

立岡　先ほど〝新しい景色〟とお話ししましたが、コックピットという特等席で世界の多様な景色が見られることも魅力です。地球の大自然、大都市、空の色なども美しくも迫力のある、そしてときには幻想的な世界が目の前に広がります。同じ目的地でも、飛行する季節や時間帯は毎回異なりますし、また天候によって飛行経路や高度の選定が変わる度に、目の前の景色は違う顔を見せてくれます。次のフライトではどのような〝新しい景色〟に出合えるかを楽しみにしていますね。

人生にノンテクニカルスキルを

――最後に、本書を読んだ方にメッセージをお願いします。

金原　いろいろなものが短期的に求められる時代になっていますが、複雑な人間関係で成り立つ社会においては、短期的には無駄や回り道に見えることこそが、長期的に見るといろいろな形で自分にギフトとして戻ってくるような気がし

ています。ご紹介したノンテクニカルスキルも決して短期的に身につくものではありませんが、しっかりと自分の身についたときには、大きな果実をもたらしてくれるはずです。より大きな成果や成長を望むのであれば、まずは自分が持っている能力を最大限活かして、他者や社会のためになることを考えてみてほしい、と特に若い読者の方には伝えたいです。この本でご紹介した「ファンクショナル・リーダーシップ」を仕事だけでなく社会のなかでも果たすことを一人一人が心がけ、より良い社会を一緒につくっていきましょう。

立岡　パイロットが身につけている思考術や対人術は、一見すると難しく思われるかもしれません。しかし、実はこれらのスキルはすべての人が日常生活のあらゆる場面で無意識のうちに活用しているものだと思います。本書でご紹介しているこのスキルは、普段の認知や対人にかかわる何気ない行動をさらに豊かなものにするきっかけになるのではないでしょうか。そして、パイロットのあらゆるスキルや知識の土壌となるのが、空の安全と運航の品質を追求し続ける姿勢＝アティテュードです。つまり、自らがどの世界に身を置いても、そしてその世界でどんなに熟練しても、「もっと知りたい」「もっとうまくなりたい」「もっと仲間と喜びを分かち合いたい」という、シンプルで純粋な初心を持ち続けて日々挑戦を続けることが大切なのだと思います。きっとその先には〝新しい景色〟が待っているはずです。

パイロットの必需品

フライトバッグの中身を紹介

フライトログブック
飛行時間や離着陸空港などパイロットとしての経歴を証明する航空機乗組員飛行日誌。

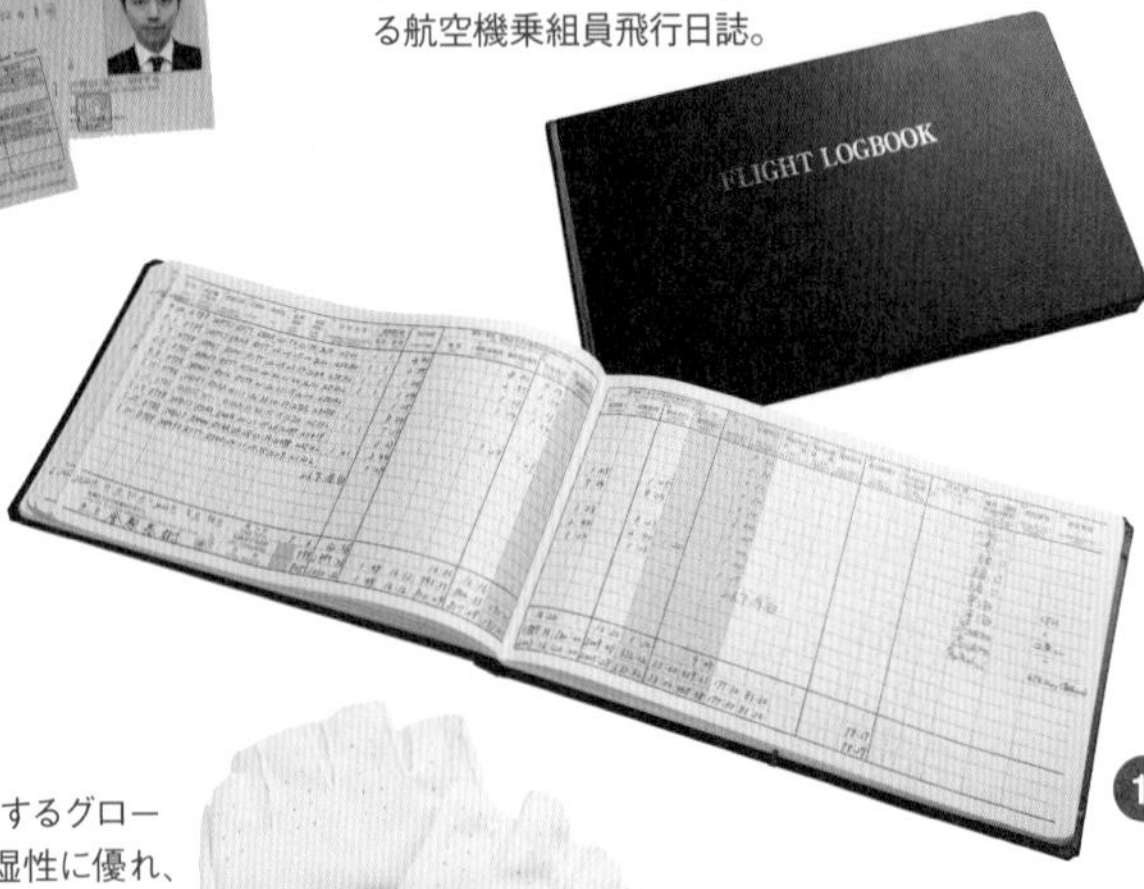

各種ライセンス
ライセンスは6種類。携行が必須のため、搭乗前に一緒に乗務するパイロット同士で相互確認を行っている。

グローブ
操縦の際に使用するグローブの素材は、吸湿性に優れ、薄くて柔らかな鹿革が一般的に使用されている。

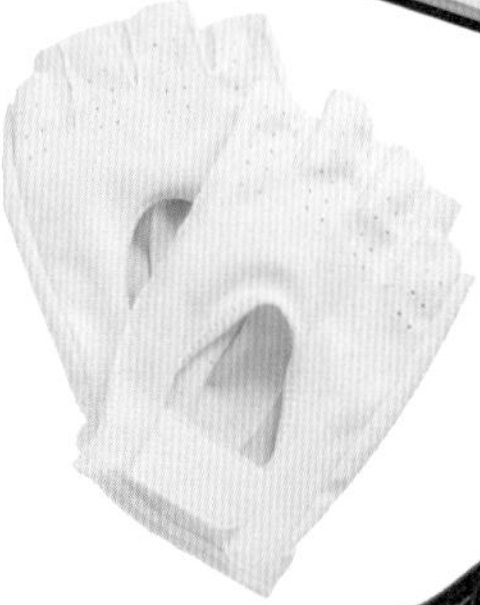

タブレット端末
以前は紙だったマニュアルや資料がデータ化され、現在はほとんどの情報を端末で確認することができる。

このほかに、空港で出会ったお子さまにお渡しすることがある非売品の飛行機シールや、栄養補助食品といった非常食、機内の乾燥対策のハンドクリームなどを携行するパイロットも。また、国際線に乗務する場合はパスポートなども必要になる。

サングラス
飛行中の上空は地上に比べてより紫外線が強いため、目を保護するサングラスは必須アイテム。

チーム・ビルディング

Team Building

第4章 チームを形成する技術

チーム・ビルディングとは何か

仲間と助け合うために

航空機の運航はチームワークによって成り立っています。機長、副操縦士、客室乗務員、整備士、管制官……。状況にあわせてさまざまなプロフェッショナルがチームとなり、安全運航に向かってそれぞれの役割を果たしています。

第4章の主題となるチーム・ビルディングと第5章の主題であるコミュニケーションは、チーム力の向上につながるノンテクニカルスキルです。第1章〜第3章では認知・判断・行動をつかさどる思考術をお伝えしてきましたが、第4章と第5章では仲間と助け合いながら目的を達成するための対人術をご紹介します。

チームを形成する技術

チーム・ビルディングというノンテクニカルスキルは、チームを形成する技術です。フライトにおいては、チームを構成するパイロットや客室乗務員、整備士など、それぞれが初対面であることが多いという特徴があります。そのため、**メンバーの一人一人が**

チームを形成する技術を持っていることは大変重要なポイントです。

グループではなくチームを作る

チーム・ビルディングにおいて最初に意識したいのは、**グループではなくチームを作ること**です。**グループは〈複数のメンバーが相互協力的にかかわり合う集団〉**という意味ですが、**チームは〈複数のメンバーが目的の達成に向けて活動する集団〉**という意味になります。

グループによるパフォーマンスが、個々のメンバーのパフォーマンスの総和を超えることは難しいです。一方でチームの場合は、相乗効果が生まれてグループ以上のパフォーマンスを発揮することが期待できます。だからこそ、個々のメンバーが**共通の目的を持ち、建設的に意見を交わしながら、自分の役割を遂行していく**ことが求められるのです。

効果的に機能するチームを作るために、メンバーは次の3つの行動を取る必要があります。

- **リーダーシップを発揮する**（Leadership）
- **協力する**（Co-operation）
- **対立を建設的に解消する**（Conflict Resolution）

ここからは3つのポイントをそれぞれご紹介していきます。

メンバー全員がリーダーシップを発揮する

チーム作りのために求められる最初のポイントがリーダーシップです。

リーダーシップという言葉を聞くと、リーダーとしてチームを目的に導くための〈統率力〉や〈指導力〉を思い浮かべるかもしれません。しかし、チーム・ビルディングにおけるパイロットのリーダーシップとは、そのような力ではありません。具体的には**「特定の役割を遂行するために、その人の考え方や行動が他者の考え方や行動に影響を与えるような技術」**を意味しています。

運航におけるリーダーシップには、左記の2種類があります。

■デジグネイテッド・リーダーシップ（Designated Leadership）

チームのリーダーとして指名された機長が発揮すべきリーダーシップ

■ファンクショナル・リーダーシップ（Functional Leadership）

各メンバーが職務や役割に応じて発揮すべきリーダーシップ

「前者は機長が果たすべきリーダーシップで、フライトにおいてチームをマネジメントしたり、最終意思決定を行いチームを指揮したりする際に発揮することが求められます。

一方で後者は、副操縦士をはじめ、客室乗務員や整備士などがフライトに参画し、それぞれの役割を果たすために求められるリーダーシップのこと。ファンクショナル・リーダーシップというと難しく聞こえますが、端的に表現するなら『**一人一人がチームの目的に対して責任感を持つ**』ということです。それぞれの役割のなかでチームの目的のために何をすべきかを考え、行動していく。もしも役割があらかじめ決まっていなければ、自分の特長やスキルをチームの目的達成のためにどう活かせるかを考えて行動することも必要です。このような姿勢をメンバーそれぞれが持っていれば、協力することや対立

を建設的に解消することも自然に行われます。その結果、目的を達成するために機能するチームとなるのです」（金原）

このようなリーダーシップのあり方は、部活などの日常生活に落とし込んで考えてみてもわかりやすいでしょう。たとえば部長一人が強い権限を持ち、トップダウンで意思決定していくチームよりも、各プレーヤーやマネジャー、会計係などがそれぞれの視点から主体的に行動し、互いの意見を尊重しながら進んでいくチームの方が強いはずです。なぜなら、そこには**視点や能力の多様性があり、チームとしてのシナジー（相乗効果）を得やすい環境が醸成される**からです。

「学生さんとの会話のなかで『部活の副キャプテンとしてフォロワーシップに努めました』という言葉を聞くことがあります。もちろんそれは、学生時代の経験として価値のあるものだと思います。ただ、日本航空ではパイロットの仕事においてフォロワーシップという概念は出てきません。やはり全員がリーダーシップを発揮しながら**主体的に参画していくことが、チームを動かすうえで大切なポイント**だと思います」（立岡）

図1 機長と副操縦士の権威勾配

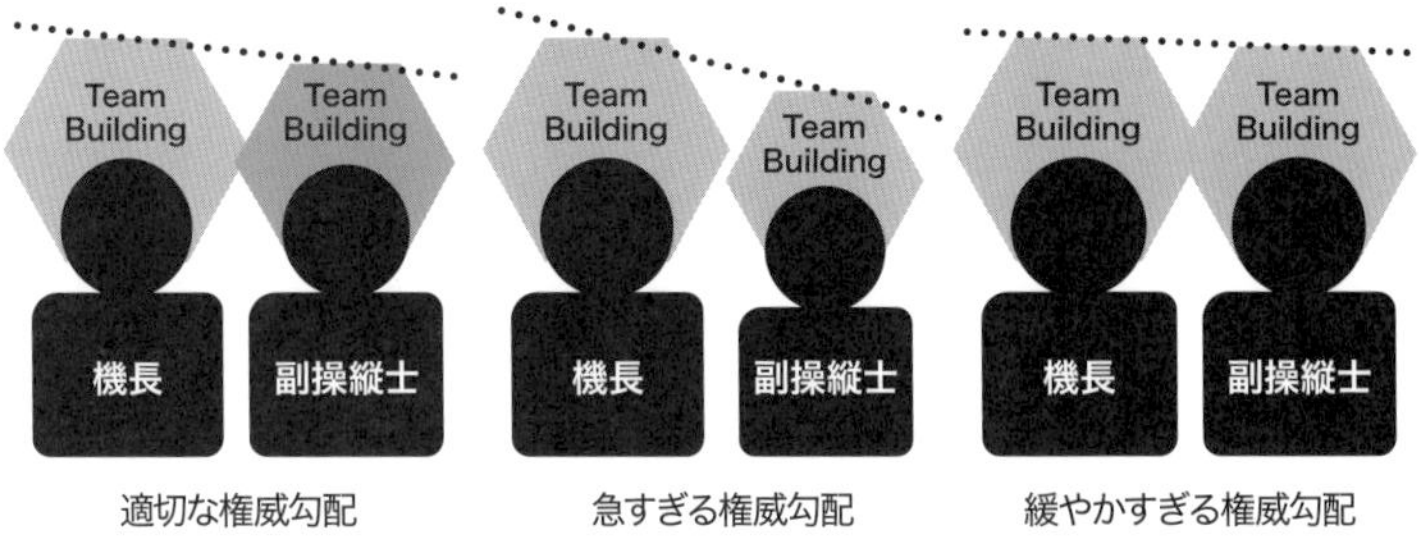

協力するための適切な関係性とは

チーム・ビルディングにおけるポイントの2つ目が協力することです。

メンバーの一人一人が協力しながら建設的な議論を進めていくためには、メンバー同士の適切な関係性が維持されていることが必要です。ここで意識したいのが権威勾配です。権威勾配とは、リーダーとその他のメンバーとの関係性を傾きとして表現したものです。

フライトにおけるチームの最小単位は、コックピット内にいる機長と副操縦士の2名ですが、図1のとおり、機長と副操縦士の間には権威勾配があります。

適切な権威勾配は、機長が副操縦士に比べてやや高くなっているものです。しかし、図1の中央のように権威勾配が急になりすぎてしまうと、コックピット内の雰囲気は悪くなり、お互いに意見の表明や受け入れがしづらくなってしまいます。一方、右のように権威勾配が緩やかすぎる場合、コックピット内の緊張感が緩み、雰囲気を大切にするあまり、別々の考えを持っているにもかかわらず共有が行われなくなることがあります。適切な権威勾配を維持することは、メンバーが高いモチベーションで主体的にチームに参画するために意識すべきポイントです。

権威勾配は変化していく

最初は適切な権威勾配が維持されていたとしても、**フライト中に権威勾配が変化していくことがあります。**たとえば、機長と副操縦士の間で経験や知識に大きな差がある場合や、副操縦士が明らかなエラーを起こしてしまった場合などが、急すぎる権威勾配に変化していきやすい状況です。これは、さまざまな組織やスポーツチームでも起こりうることです。キャプテンとメンバーの実力差が大きかったり、部下のミスが続いたりすると、リーダーがメンバーを認めずに権威勾配が大きくなっていくのです。

左記は、先の図1の3つの権威勾配パターンごとに、チーム内で起こりうる状況を表したものです。〈急すぎる権威勾配の特徴〉や〈緩やかすぎる権威勾配の特徴〉に当てはまる兆候が見られた場合は、チーム内の〈適切な権威勾配〉を維持することに注力すべきでしょう。

急すぎる権威勾配の特徴

- リーダーがメンバーと協議することなく決定し、命令している
- リーダーが一人でタスクを抱えている
- リーダーが孤立している
- リーダーがメンバーから提案を受けた場合、それを批判や反抗と受け取ってしまう
- リーダーがコミュニケーションしづらい雰囲気を作っている
- リーダー以外のメンバーが参画していない

緩やかすぎる権威勾配の特徴

- メンバーが独自に意思決定を行っている
- メンバーがほとんど提案しない
- メンバーが肯定も否定もしない
- メンバーが仕事には関係のない話ばかりのリラックスした雰囲気になっている
- メンバーが楽しむことが主な目的になっている

適切な権威勾配の特徴

- ●リーダーとメンバーが参画のうえで意思決定を行っている
- ●リーダーがメンバーのモチベーションを高めている
- ●リーダーがメンバーのスキルを向上させている
- ●リーダーが目的や目標を明確にしている
- ●メンバーが情報を共有している
- ●メンバーがチームのパフォーマンスを注視し、建設的なアドバイスを行っている

「〈適切な権威勾配〉は乗務するパイロットが**建設的に情報と意見を交換し、チームとして最適な判断ができること。そして、最終的に機長のもとでチームが効果的に機能する状態**です。全メンバーが一つのフライトを作り上げていくことに責任と喜びを感じられるように、主体的に参画する意欲を引き出すことを日頃から意識しています」(立岡)

「誰が正しいのか」ではなく「何が正しいのか」を考える

チーム・ビルディングにおける3つのポイントの最後は、対立を建設的に解消するこ

とです。さまざまな部署や職種の人々がかかわる航空機の運航では、ときとして立場の違いから意見の対立が発生することがあります。このような場合に大切なことは、**意見の対立が感情の対立にならないように解決していく**ことです。その際、各メンバーが心にとどめておくべきなのが左記の3点です。

- 感情の対立にならないよう、反対意見はチームにとって良いことと肯定的に受け取る
- 正しいことを目指して信念を貫く主体性と、状況によっては受け入れる柔軟性を持つ
- 自分の正当性を主張するあまり、相手の人格や性格、人間性などの領域にまで入り込まない

「意見の対立が起こった際には、感情的に『誰が正しいのか』を考えるのではなく、チームとして『何が正しいのか』を考えることが大切。そのためには、自分たちの目的に立ち戻ることが不可欠です。フライトにおける目的は、航空機を安全に飛ばし、お客さまや貨物を目的地にお運びすること。どのような意見の対立が起こったときにも、この軸に沿って対立を解消していきます」（金原）

チーム・ビルディングを身につけるために

チームのために貢献できることは何かを意識する

フライトに限らず、チームスポーツや共同研究、組織のプロジェクトなど、すべての団体行動においてチーム・ビルディングは重要なスキルです。ここからは、このスキルを身につけるために知っておきたい心構えや、意識すべきポイントをお伝えします。

チームを形成する技術を磨くうえで大切なポイントとなるのが、前述のファンクショナル・リーダーシップの考え方です。フライトにおいては、機長や副操縦士、客室乗務員にそれぞれの役割がありますが、**仮にチーム内で明確な役割分担がなされていない場合でも、すべてのメンバーには主体的にチームに貢献していくこと**が求められます。

グループディスカッションのように複数のメンバーがフラットな立場でチームを構成し、制限時間内に何らかの解決策を見いだす必要のある場面を例に考えてみましょう。

このとき、うまく機能するチームでは、メンバー全員が「制限時間内に答えを出す」という**目的を共有し**、**そのために自分に何ができるかを考えています。**自分の意見を主張するだけでなく、議論を回す人、意見を調整する人など、さまざまな役割を担うメンバーが自然に生まれることで、具体的な解決策に収束していきやすくなっているのです。

一方、うまく機能しないチームの場合は、自分の意見を伝えることに時間を使いすぎたり、他人の意見のあらを探したり、そもそも意見を述べなかったり……。目的を達成するための建設的な議論ができず、時間内に答えを出せないことがあります。

つまり、それぞれのメンバーがチーム全体の目的のために「今、自分が何をできるか」を考えることが、良いチームを形成することにつながるのです。

基本に忠実なふるまいが信頼感を生む

より良いチームを形成していくためには、メンバー間の信頼感が欠かせません。しかし航空機の運航においては、初めて会う人とチームを構成することも頻繁に起こります。初対面のメンバー同士が信頼感を構築するうえで、気をつけるべきポイントとはどのようなものでしょうか。

「基本的な部分をしっかり行うことが、やはり大切だと感じています。たとえばパイロットの場合、機長であっても副操縦士であっても、フライトに必要な手順や操作を一つ一つ基本にのっとって確実に行います。**基本をおろそかにしない姿勢が相手からの信頼を生む**のです。私も副操縦士になりたての頃、先輩機長からそのようなことを教えていただいた経験があります。運航に支障がないからといって手順や操作を省略してしまっていると、周りからはそれが意図した行動なのか、その手順や操作を忘れてしまっているのかが判断できません。そういう人に対しては『この人、いざというときに確実に行動できるだろうか？』と不安に感じてしまうでしょう。

航空機の操縦や安全のために設定された手順だけでなく、服装や挨拶、各種ブリーフィングでの言動や話を聴く姿勢などにも、同じことがいえると思います。基礎的なことをしっかり行っている人に対しては、やはり信頼感が生まれやすい。その結果、チームとしてのパフォーマンスも発揮されやすくなります」（金原）

強すぎる結束の落とし穴に気をつける

メンバー同士の信頼関係が高まることで結束感が生まれ、チームとしてのパフォーマンスは向上します。しかし、強すぎる結束感には注意すべき側面もあります。結束感が高まることで、一人一人のメンバーがチーム内での対立を避けるようになり、チームとして適切な判断ができなくなってしまうからです。

このような状態を**集団浅慮《しゅうだんせんりょ》**（**グループ・シンク**）と呼びます。集団浅慮では「自分だけ違う意見を言うのは気が引ける」「浮いてしまうのでは」という同調心理や、「リーダーの意見に従っておけばいい」という服従の心理、もっともらしい意見で相手を説得しようという心理などが生まれます。言うまでもなくこのような状態は、チームパフォーマンスにとってのリスクとなります。たとえ結束感のあるチームに参画しているときでも、常に冷静にチームの状態を俯瞰することが大事なのです。

「最終責任者という立場にある機長として、自らの行動や発言がチーム形成に想像以上の影響を及ぼしていることを意識するようにしています。そして、チームで話し合って最終決定した方針が、さまざまな心理やバイアスによって偏ったものになっていないかを振り返るように心がけています。チームは結束によって個々の総和以上の成果が期待できる一方で、適切に機能していないと思慮の浅い行動につながりかねません。チームが結束してきたと感じるときほど、チームの方向性を振り返るべきです」（立岡）

チーム・ビルディングを人生に活かす

一つの目的に向かって一人一人がチームに貢献するために

パイロットが安全なフライトのために身につけたチーム・ビルディングのスキルは、人生のあらゆるシーンで活かすことのできる対人術です。家庭、学校、職場、部活など、人はさまざまな集団＝チームのなかで日々の営みを行っているからです。

「リーダーシップを発揮する」「協力する」「対立を建設的に解消する」。これらの3つの原則のもと、一人一人が主体的にチームに貢献していくことができれば、チームには相乗効果が生まれ、目的に一歩ずつ近づいていけるはずです。

ここからは、チーム・ビルディングの技術を活かせる人生のシチュエーションや、現役パイロットからのアドバイスをご紹介します。

Q チームのメンバーのやる気を引き出したい

組織のリーダーとしてプロジェクトやチームを率いるとき、メンバー一人一人の能力

を引き出すことはとても大切なポイントです。しかし、ときにはチームメンバーのモチベーションが低いように感じられる場面もあるでしょう。そんなときにまず意識したいのが、**適切な権威勾配を維持できているかという点**。チームのためを思うあまりリーダーのふるまいが独善的すぎたり、反対にチームメンバーとの関係がフラットになりすぎて馴れ合ってしまっていたり……。権威勾配が適切でない場合、十分にチームのパフォーマンスが発揮されない可能性があります。

では、適切な権威勾配を維持するためには、どのような点に着目すべきでしょう。

「コックピット内では副操縦士と機長が常にコミュニケーションを取りながら、チームとしてシチュエーショナル・アウェアネスやディシジョン・メイキングをしています。副操縦士の視点から見た〈適切な権威勾配が維持されている状態〉というのは、**プレッシャーを感じずに自らの意見をきちんと伝えられる状態**です。その状態が維持されていることで、チームへの参画意識も高まっていくと感じています。チームへの参画意識というのは、パイロットの仕事に限らず、さまざまなチームにおいて大切なポイントだと思います。『自分の役割がチームのためになっている』と感じられる環境であれば、メンバーのモチベーションは自然に上がっていくのではないでしょうか」（金原）

「フライトの責任者である機長は、デジグネイテッド・リーダーシップ（133頁参照）を発揮し、チームに影響を与えつつ適切な権威勾配を作ります。そして最終的なディシジョン・メイキングを行って、チームとしての判断をします。これが副操縦士と機長の明確な違いです。

機長としての適切な権威勾配を維持するために意識しているのは、チームのメンバーが**納得して行動できるように意図や目的を明確に示すこと**です。また、**積極的にメンバーの意見を聴き、必要に応じて計画を変更することも大切**です。機長としての立場を明確にしながらも、**必要以上に先導しすぎないことも重要**だと思っています」（立岡）

Q グループワークなどでうまくアピールできない

グループワークやミーティングなどに参加する際、思うように発言ができず、自分の存在感をアピールできないこともあるかもしれません。このときにまず意識したいのは、チームの目的は何かという点。そして目的に対して自分ができる役割を考えることです。

「積極的に発言ができない背景には、周囲の人の能力が自分よりも高く感じられたり、議題の内容についていけなかったり、といった事情があるかもしれません。しかし、どんな人にも**それぞれの経験や強みがあり、それを活かすことでチームに貢献することはできる**と思います。たとえば、フライト中に判断が難しい想定外の事態が起きたとします。そのときに積極的な意見が思いつかなかったとしても、これまでに経験した類似のケースを共有することで、チーム内に新たな選択肢をもたらすこともあるのです」(立岡)

「素直に学ぶことを意識するのも、一つのポイントだと考えています。

たとえば新人副操縦士の頃は、機長の言うことをただ聞いているだけで、パイロットとしての自分の存在感を感じないようなフライトが度々ありました。機長の補佐をするどころか、自分の未熟さを機長にカバーしてもらう……。そんなときには非常に悔しい気持ちになりました。しかし、自分がいかに未熟であったとしても、機長一人では航空機は飛ばせないわけですし、今考えるとそんな自分でも果たせた役割があったということは認めて良かったと思います。

また、新人パイロットの役割はその日のフライトから一つでも多くのことを学ぶこと、と私は考えていました。そのためフライトが終わった後に、率先して機長から自分が成長するためのアドバイスをもらおうと心がけていました。同じように、グループワークやミーティングが終わった後などに、その場で存在感を示せていた人や先輩にどんなことでもいいので質問してみてはいかがでしょうか。そのような姿勢が評価されれば、次のミーティングで意見を求められるチャンスがめぐってくるかもしれません」（金原）

Q チーム内で意見が衝突している

真剣に目的の達成を目指すチームであれば、メンバーの意見がぶつかり合うのは自然なこと。多様な視点や意見があることはチームにとって歓迎すべき状態です。たとえ自分とは異なる意見であったとしても、チームにとって良いことと**肯定的に受け取り、意見の対立を建設的に解消していく**ことが大切です。

「**意見の対立を建設的に解消するためには、自分とは異なる視点に立って考えること**も必要だと思います。たとえば私は副操縦士としてコックピットにいるとき、必ず『機長ならどう判断するだろうか』と考えています。そして自分の判断と機長の判断が異なった場合には、『あのときはどうしてあのような判断をしたのですか？』と聞くようにしています。異なる意見の背景にある視点や意図を知ることで、物事をより俯瞰した視座で見られるようになり、異なる意見を納得して受け入れることができるようになりますし、どのポイントに見解の相違が生まれているのかが理解しやすくなります。また、そのようなやり取りを通して副操縦士として機長に学ぶことができるので、考え方の引き出しが増え、パイロットとしての成長にもつながっていると感じます」（金原）

パイロット訓練生に聞いたノンテクニカルスキル活用法❹

チーム・ビルディング／チームを形成する技術 編

この技術を身につけると、日々の生活や仕事などはどう変わっていくのか。実際にチーム・ビルディングを学んだパイロット訓練生の声をご紹介します。

Voice 01

チームスポーツの場合、一人一人が弱みを克服することも必要だが、強みを伸ばしてチームに還元していく仕組みがより大切だと思う。そのために、誰が何を得意としているのかを深く理解することが大事だと感じた。

Voice 02

チーム・ビルディングは、非常に難しいが重要なスキルだと思う。大学時代、体育会ボート部の主将や学生団体の責任者をやっていた際に感じたことの一つに「自分一人だけでやれることなんて限られている」というものがある。自分がチームを作るのではなく、集まったメンバーそのものがチームなのだと自覚すること。全員が自身の強みを活かせて、存在意義を見いだせる環境を作るための方向性を打ち出すこと。それが、チーム・ビルディングだと思う。他者を否定せず、受け入れることができる集団を作ることで、結果的に組織として最大のパフォーマンスを生み出すことができると感じている。

Voice 03

アルバイトにおいてチーム・ビルディングを用いることで、学生の考えと社員の考えを共存させつつ、業務を効果的に機能させることができた。特に私のアルバイト先では社員に学生の意見を積極的に取り入れていただけることが多く、現場の状況を把握したうえで学生リーダーとして業務の割り振りやスケジュールを提案することで、効果的なチームを構築することができた。

Voice 04

学生時代にチーム・ビルディングを知っていれば、部活におけるチーム練習などの際に、チームメイトのモチベーションを保ち、効果的にチームを機能させることに役立てられたと思う。

Voice 05

イベントを企画・運営する際、自身が全体統括の役割を担いながらも、広報や調達など各担務ごとにリーダーを割り当てることで総合力を上げられた。ファンクショナル・リーダーシップが機能したことで、イベントの成功に結びつけることができたのだと思う。

Voice 06

チームのリーダーだけがリーダーシップを発揮するのではなく、チームのメンバーそれぞれが自らの役割においてリーダーシップを発揮することの重要性を一人一人が理解しているだけで、個人の動きが変わってくると思う。まとめ役だけに決定権があると考えている人も多いと思うので、各々が考え責任を持って動くことの正当性を知ることで、部活、アルバイト、その他の集団活動でパフォーマンスが向上すると考える。

Voice 07

チーム・ビルディングは大学生活で身につけるチャンスがたくさんあるスキルだと思う。大学時代、主に部活でリーダーシップを理論的に学んだことで、現状の何を改善していくべきなのかを客観的に理解することができるようになった。社会人になった今でも、チーム・ビルディングは役に立っていると実感している。

※運航企画部リソース戦略グループ調べ。パイロット訓練生150名のアンケート回答から一部抜粋。

コミュニケーション

Communication

第5章 伝える技術・聴く技術

チームとしての共通認識を持つために

副操縦士「3万フィート付近にウインドシアが予想されますね。巡航高度を変えましょうか？」

機長「そうですね。上下のどちらが良さそうでしょうか？」

副操縦士「上をいくとベルトサインを消すまでに少し時間がかかります。下をいくとベルトサインは早く消せますが、フライトタイムが長くなりそうですね」

機長「今日はお客さまが満席に近くサービスに時間がかかりそうなので、早めにベルトサインを消したいですね。定時到着には余裕がありそうです。下の高度でいきましょうか？」

副操縦士「それがいいですね。速度を少し上げても燃料効率は良さそうなので、フライトタイムもカバーできそうです」

機長「確かにそうですね。では、巡航高度は2万6000フィート、燃料は増減なしで決定します」

このように、フライト中にはパイロットの間では実に多くのコミュニケーションが行

図1 マルチ・クルー・インフォメーション・プロセッシング

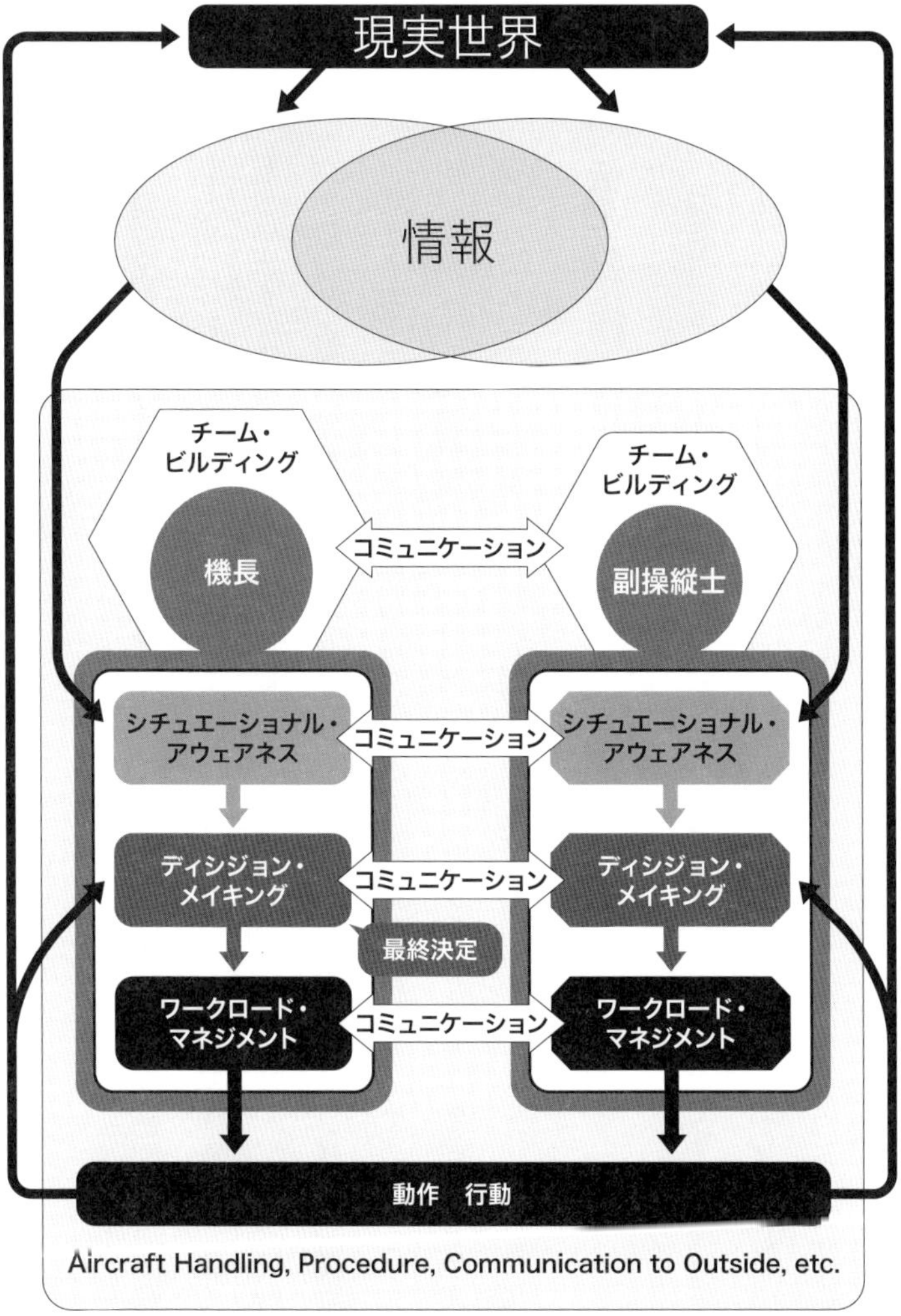

われています。

コックピット内では、フライトのさまざまなフェーズにおいて機長と副操縦士は適時話し合っており、今後想定されるスレットやその対処法についての共通認識をすり合わせています。また、離着陸時には航空管制官との通信も頻繁に行われています。さらに、パイロットと客室乗務員との連携もフライトには欠かせません。メンバー間の意思疎通の礎となるコミュニケーションは、チームで安全運航を行うために必要なスキルです。図1（155頁参照）のとおり、あらゆるノンテクニカルスキルを発揮するうえで、適切なコミュニケーションを行うことが求められています。

伝える技術・聴く技術

コミュニケーションという言葉は、日常でも頻繁に用いられるものです。一般的には、人と人の間で情報や意見、感情などを伝える行為全般という漠然としたイメージで捉えることが多いかもしれません。しかし、ノンテクニカルスキルにおけるコミュニケーションは、安全なフライトのために欠かせないスキルとして明確に定義されます。それは、「**運**

航に関する情報や意思、意見などを誤解のないように正確に伝え合うこと」です。

ここで大切なのは、〈伝え合う〉という点です。自身の意見を相手にわかりやすく伝えるだけでなく、相手が伝えようとしていることを引き出して理解することも重要な要素。つまり、ノンテクニカルスキルにおける**コミュニケーションとは、伝える技術であり、聴く技術**でもあるのです。

「メンバーはそれぞれの視点を持っており、事象の捉え方がすべて一致するとは限りません。そして一人一人の捉え方の違いがわずかなものであっても、それが積み重なるとチーム内での判断が異なる方向に行きかねないのです。限られた時間のなかで認識していることを伝え合い、認識の違いをすり合わせながらチームの方向性を一致させていく。そのためには、高いコミュニケーション能力が求められます」（立岡）

パイロットがフライト中に行うコミュニケーションには、いくつかの要点があります。

明瞭で簡潔なこと、**タイミングが良いこと**、**率直で誠実なこと**、**標準的な用語を使うこ**

と、適切な情報量であること、きちんと反応を示すこと、などがその代表的な例です。

もちろん日常生活においては、遊び心のある言い回しやたわいもない話が豊かなコミュニケーションを育んでくれることも多いでしょう。しかし、フライトという業務においては、情報の送り手と受け手の解釈に齟齬を生じさせないシンプルで正確な会話が必要とされます。些細なコミュニケーションのエラーによって、最悪の場合、不安全な事態になってしまうこともあり得るからです。このようなコミュニケーションのスキルは、フライトに限らず、複数のメンバー間で合意形成を図りたいビジネスシーンや短時間で情報共有をする必要があるスポーツの場などで役立つのではないでしょうか。

フライトにおけるコミュニケーションでは、パイロットは左記の4つを行っています。

- ■ **双方向のコミュニケーションをする**（2 Way Communication）
- ■ **認識と計画を適時共有する**（Briefing）
- ■ **重要な情報を理解しているか質問や確認をする**（Inquiry）
- ■ **安全のためにためらうことなく主張する**（Assertion）

ここからは、4つのポイントについてお伝えします。

双方向のコミュニケーションを意識する

次の2つの会話例を見てください。離陸前のブリーフィングの様子です。

1 **機長**「今日は風に突風が伴うので、機首を引き起こす際のスピードをよく見ていてね。鳥も多いし注意が必要だから、滑走路に入った後に一度前方を確認することを忘れないでね。あとは、離陸後も周辺に到着機が多いから、早めにオートパイロット（自動操縦）を入れてよく外部監視しよう。何かわからないことある？」

副操縦士「えーと……いいえ、大丈夫です！」

2 **機長**「今日の離陸でのスレットは、どんなことがありますか？」

副操縦士「今日は風に突風が伴うので、機首を引き起こす際のスピードが変動する可能性があります。それと、鳥が滑走路近くで活動しているかもしれません。離陸後も周辺に到着機が多いので、接近しないように注意する必要がありますね」

機長「ありがとう。もし機首引き起こしの前にスピードが落ちることがあれば、コールアウトして知らせてください。鳥に関しては滑走路に入った後に、必ず前方を確認してから離陸操作に入りましょう。忘れていたら言ってください。周辺の到着機に関しては、外部監視のために早めにオートパイロットに切り替えようと思います。どうでしょうか？」

副操縦士「わかりました。スピードの変動には『スピード』とコールしますね。鳥がいるようであれば、管制にも報告して対処してもらいましょう。早めにオートパイロットを入れた後、すぐに旋回をする必要があるので、外部監視とともに機体が旋回を正しく開始するかもモニターする必要がありますね」

機長「確かにそうですね。では、旋回を手動で確実に行った後にオートパイロットを入れるようにしましょう。ありがとう」

いかがでしょうか？

いずれも同じスレットに対する対処についての会話をしていますが、前者では双方向のコミュニケーションが行われていません。**1** と **2** では、この後の実際の離陸におけるチームのパフォーマンスに明らかな差が出てくることが想像できると思います。

運航に関する情報や意思、意見などを誤解のないように正確に伝え合うためには、双方向のコミュニケーションが欠かせません。特に機長と副操縦士が隣り合って座っているコックピット内においては、お互いの表情や体の動きなどを把握することは難しくなるため、**お互いが〈良い伝え手〉であり〈良い聴き手〉であることが必要**となります。

良い伝え手であるために心がけたいポイントは、主に左記の6項目です。

- **言葉の選択に注意を払う**
- **文章は手短に**
- **表現はシンプルで明確に**
- **一つの主題に対して一つの情報だけ**
- **通常の会話よりもゆっくりとした口調で**
- **応答を促し、正しく理解されたかを確認する**

良い聴き手であるためには、左記の8つのポイントに注意を払いましょう。

- ■先入観や予断を持って聴かない
- ■すぐに評価してしまわない
- ■気を散らさず、相手の気持ちの把握に集中する
- ■答える前に間を置く（あまり早く答えようとすると、聴く能力が低下する）
- ■ときには相手の言った言葉を繰り返してみる
- ■相手の言ったことやその気持ちを自分の言葉で表現してみる
- ■相手の言っていることのなかにある本当の主題をつかむよう努力する
- ■話を聞きながら先回りして思考をめぐらせない

ブリーフィングで認識と計画を共有する

パイロットの仕事に欠かせないコミュニケーションの場が、ブリーフィングです。**ブリーフィングは、チームのメンバーがフライトに必要な情報を相互に確認し、認識と計画を共有する機会**です。出発前や離着陸時はもちろん、巡航中に新たなスレットを発見

した際にも、その対処法や計画についてのブリーフィングが適時行われています。

「日々のフライトにおいて、ブリーフィングの機会はとても多いです。たとえばフライト前のオフィスでは、機長と副操縦士がその日のフライトプランを検討する出発前のブリーフィングを行います。その後、機内では客室乗務員とのブリーフィングがあり、その前後には整備士とのブリーフィングもあります。さらに離陸前や着陸前にもコックピットで機長と副操縦士がブリーフィングを実施します。これほどブリーフィングが多いのは、シチュエーショナル・アウェアネスやディシジョン・メイキング、ワークロード・マネジメントに対する認識をすり合わせておくことの重要性のあらわれだと考えています。また、定められたブリーフィングの機会に限らず、新たに状況の変化に気づいたときには、その都度コミュニケーションが取られます。安全を脅かすリスクを最小限にするとともに、良いチームを作り上げていくために、コミュニケーションは必要不可欠なものなのです」（立岡）

安全のための質問と主張

〈双方向のコミュニケーション〉や〈認識と計画の共有〉とともに、質の高いコミュニケーションを行うためのポイントが**〈重要な情報を理解しているかの質問や確認〉と〈安全のためのためらいのない主張〉**です。

これらは、航空機を安全な領域から逸脱させないために行われるものです。

たとえば、機長が操縦する地上走行中の航空機が管制の許可を得ずに滑走路に進入しそうな場合には、副操縦士がためらわずに質問（「進入の許可をもらっていましたか?」）や主張（「まだ進入の許可をもらっていません。止まってください!」）をすることが必要となります。ただし、これらの質問や主張が適切になされない可能性もあります。その主な理由として次のような事項が考えられます。

■相手に恥をかかせるのではないかと心配する
■敵意があるように受け取られるのではないかと心配する
■雰囲気を悪くし、一緒に働きにくい相手だと思われないかと心配する

- ■**機長を怖い存在に感じ、躊躇する**
- ■**機長は「何か理由があってやっている」と思い、躊躇する**
- ■**自分に自信がない。知識と経験のバックボーンがない**
- ■**本人が気づくまで待ちたい**

これらの事項は、副操縦士と機長という立場の違いや人間関係の配慮に起因しています。2人のパイロットがともに「航空機の安全を維持回復するためには質問や主張が必要」という原則を意識することで、より円滑に質問や主張が行われるようになるでしょう。

概要から詳細へ

フライトにおけるコミュニケーションでは、限られた時間のなかで効果的に情報を伝え合うことが必要。そこで意識したいのは、相手が理解しやすいように伝え方を工夫することです。その基本の一つが〈**概要から詳細へ**〉**という原則**です。

たとえばフライトでの揺れの状況を後続便のパイロットに伝える場合、時系列で話すと次のようになります。

「上昇中はFL300でTB1、巡航はFL340でTB1、CBがあって右に5NM避けました。途中FL360に上昇して所々でTB1、降下中はFL300とFL180でTB1、5000フィートでTB3がありました。最終的に、巡航中はシートベルトサインをつけるような揺れはありませんでした」

一方、このフライトを〈概要から詳細へ〉の順で伝えると左記のようになります。

「シートベルトサインをつけるような揺れはありませんでした。巡航中CBを避けたのと降下中5000フィートでTB3があったのを除けば、揺れてもTB1程度でした」

このように、聴き手にとっては後者のほうがイメージしやすくなるのです。

注記／FLとはフライトレベルのことでFL100は約10,000フィート（約3,000メートル）の高度に相当。TBとは乱気流の強度の基準で、弱い順に1～6のレベルがあります。CBは積乱雲。1NMは、1,852メートルを指します。

コミュニケーションを身につけるために

伝える技術・聴く技術の磨き方

これまでもご紹介したとおり、ノンテクニカルスキルにおけるコミュニケーションの目的は、**「運航に関する情報や意思、意見などを誤解のないように正確に伝え合うこと」**。「伝えたつもり」や「聴いたつもり」を防ぎ、チームとして認識を共有していくことは、フライトに限らずさまざまなシーンで活用できるスキルといえるでしょう。

ここからは、質の高いコミュニケーションを身につけるために意識すべきポイントをご紹介します。

気づいたことを口に出してみる

コックピット内では手順に定められた会話を含めて、実に多くのコミュニケーションが行われています。では、パイロットたちはどのようにして安全のために必要な双方向コミュニケーションの技術を身につけてきたのでしょうか。

「パイロット養成の訓練過程においても、座学から飛行訓練まであらゆる場面でコミュニケーションはついてまわるものです。訓練生は日々の訓練のなかで教官や仲間とコミュニケーションを取りながら伝える技術や聴く技術を学び、一歩一歩成長していきます。

たとえば飛行訓練において、訓練生は情報の処理能力や判断力の未熟さから自身の決断に対する迷いがあるため、状況認識から決断に至るまでの思考の過程を教官に知らせることを躊躇する傾向があります。具体例としては、目の前に雲があることには気づいているけれど、右に避けるべきか左に避けるべきかを判断するために黙々と思考をめぐらせる。その結果、雲があることに気づいていることさえも伝えられない、といったケースです。そのようなとき教官は、訓練生がオーバーロードになって状況を認識する能力が低下しているのではないか、と不安になります。まずは『雲がありますね』と言うだけでいいのです。気づいたことを口に出してみることが大切です。**判断に結論が出ていなくても、まずは自身の状況認識を表明することが、フライトにおけるコミュニケーションの第一歩。**このような習慣が身につくと、『雲が25マイル先にあります。10マイル以内には判断します』など、より『伝え合う』ことを意識したコミュニケーションが取れ

図2 **前方の積乱雲を避けようとしない PF＊1に対するPM＊2の介入の方法**

介入の度合い	段階	行動	具体的な言葉
弱	双方向のコミュニケーション	表明	前方に積乱雲がありますね
		示唆	25マイル先に映っているエコーが気になりますね
	重要な情報を理解しているかの質問や確認	選択	左か右に避けた方が良さそうですね
		質問	どちらに避けようとしているのですか？
	安全のためのためらいのない主張	提案	悪天域を避けましょう
		義務の表明	我々は、すぐに右に避ける必要があります
	命令（機長のみ）	命令	右に30度避けなさい
強	操縦の交代	操縦	私が操縦します

＊1 PF＝Pilot Flying：航空機の操縦を担当するパイロット
＊2 PM＝Pilot Monitoring：航空機の計器のモニタリングを担当するパイロット

るようになります。**相手は自分が思っている以上に『何に気づいていて、何を考えているのか』を知りたがっています**」（立岡）

意見を主張するときは段階を踏む

〈重要な情報を理解しているかの質問や確認〉と〈安全のためのためらいのない主張〉は、コミュニケーションの重要な要素。これは、フライトに限らずチームスポーツやビジネスシーンにも共通するポイントでしょう。もしもチームが間違った方向に進んでしまっている場合には、質問や主張といったコミュニケーションによって、軌道修正していくことが必要だからです。

しかし、コミュニケーションを通じて他者の行動に介入する際には、図2のように段階を踏むことを忘れてはいけません。突然「あなたは間違っている！」と指摘してしまうと、心情的な対立に発展してしまう恐れがあるからです。

「特に自分よりも経験や知識が豊富な人に対して意見を表明することは、やはり勇気がいることです。だからこそ、段階的に伝えていく手法が有効だと思います。これは人間関係にも応用できることです。

以前、その日一緒に乗務する機長と出頭（フライトの準備のために会社の所定の場所に出社すること）前に会った際に、機長がフライト時に着用すべき四本線の肩章をつけていないことに気づいたことがあります。ただ、初対面でいきなり『キャプテン、肩章を忘れていますよ』と言うのは機長のミスを指摘するようで気が引けたので、その場では特に指摘しませんでした。ご自身で気がつけばその方が良いと思ったからです。その後、ブリーフィングが始まる段階になっても肩章をつけるそぶりがなかったので『機長はギリギリまで肩章をつけないんですか？』と質問してみました。すると機長は『ごめん、ごめん。忘れていたよ。ありがとう。今の伝え方、すごく良かったよ』と。その後も話が弾み、フライトでもとても良いコミュニケーションを取ることができました。本当にちょっとした違いではあるのですが、相手への一言に一手間加えることは、相手を観察し、気遣っていることにほかなりません。それはきっと相手にも伝わり、お互いに良い関係を築けるということを実感した出来事でした。

このようなコミュニケーションの取り方は、学校や職場で人と接するときにも役立つものではないかと思います。もちろん、仕事が始まってフライトの安全や品質に関する点については、躊躇なくミスを指摘しなくてはいけません」（金原）

日本語の特性を知っておく

相手の気持ちをこまやかにくみ取ったり、あうんの呼吸で物事が進んだり……。日本語によるコミュニケーションには、円滑な対人関係を構築するためのさまざまな特性があります。しかし、短時間で正確な情報を伝え合うことが重視されるフライトにおいては、このような特性が意思疎通の妨げになることがあります。そのため、情報の送り手は自分の考えや意見を明確に伝えるよう心がけ、受け手は必要に応じて確認するなど、傾聴を心がける必要があります。

左記は、日本語の特性をふまえたうえで気をつけたいポイントです。

■受け手に解釈を委ねない

「空気を読む」という言葉があるとおり、日本語によるコミュニケーションには、「意図を伝えなくても相手はわかってくれるだろう」と期待したり、受け手に解釈を委ねたりする傾向があります。このような受け手依存のコミュニケーションは、シチュエーショナル・アウェアネスの齟齬を生む可能性があるため、可能な限り意見を明確に伝えることが必要です。

■語尾は明瞭かつはっきりと話す

「時間の余裕があります」「時間の余裕がありません」のように、日本語の文法では肯定形と否定形が語尾によって決まることが多くあります。そして、「ます」と「ません」という語尾が不明瞭になることがあるので、語尾の解釈を誤ることで意味が逆に伝わってしまう可能性があります。そのため、語尾を明瞭に話すことが必要です。また、「時間の余裕がないです」というように、聞き違いを避ける語尾の工夫も有効です。

■主語を明確にする

「I have」「You have」など、英語では主語が明確にされますが、日本語では主語が省略されることが多々あります。そのため、特に重要な行動においては主語を明確にしておく必要があります。「××をしておきましょう」という確認をした場合、主語が省かれているので、どちらがするのかが不明確になります。

コミュニケーションを人生に活かす

一人一人が伝え合うことがチームとしての力を高める

限られた時間のなかで正確に情報を伝え合うコミュニケーションのスキルは、仕事や共同研究、チームスポーツなど、さまざまなシーンで活かすことのできる対人術です。
ここからは、コミュニケーションの技術を人生に役立てるためのポイントをお伝えします。

Q ディスカッションで自分の意見をはっきり伝えたい

ディスカッションやグループワークなどで意見を求められる機会は多いことでしょう。しかし、さまざまな意見が飛び交う場において適切なタイミングで適切な発言をするのは、なかなか難しいことです。同じように、さまざまなタスクを実行しながらコミュニケーションを行うパイロットは、どのように正確でタイムリーに意見を表現する力を身につけたのでしょうか。

「パイロットは訓練生時代に『最初は思いついたことを全部言いなさい』と教わりま

す。もちろん無駄なことや間違ったこともたくさん言ってしまうのですが、まずはコミュニケーションの〈量〉を増やすことが重要。このような訓練を繰り返すことで、少しずつ必要なことを必要なタイミングで言えるようになっていくからです。ディスカッションやグループワークにおいても、まずは発言してみることが大切だと思います。

もちろん知識や経験が足りないうちは、どうしても自分の意見に自信が持てず、曖昧な表現になってしまいがちです。たとえば飛行訓練中に『たしか規程にはAと書いてあったけど……』などと思い出せないときには、どうしても語尾があやふやになってしまう。そのような経験をしたときは、訓練後に規程をあらためて確認することで『あの場面では、もっと自信を持って言ってよかった』と気づくことができます。このような振り返りと経験への知識の肉づけを重ねていくことで、はっきりと意見を言うスキルが少しずつ磨かれていくと感じています」（金原）

パイロットはフライト中、発言の内容だけでなく態度や声のトーンにも注意を払っています。また、他者の意見に対して柔軟に対応することや、相手に誤解なく伝わりやすい言葉を選ぶことも心がけています。このような点も、ディスカッションに活かせるポイントではないでしょうか。

Q プレゼン上手になりたい

プレゼンテーションでは、限られた時間のなかでわかりやすく端的に情報や意見を伝えることが求められます。そんなときに活用できるのが、**ナンバリングとラベリングの手法**です。ナンバリングとは、複数のトピックを伝えるときに最初に項目数を示すこと。ラベリングとは、各トピックに見出しを作って内容を予告すること。つまり、要点を整理して情報を相手に伝えるためのテクニックです。

「たとえば出発前の客室乗務員とのブリーフィングの場合、『今日のポイントは3つです。1つ目は上昇中に揺れが予想されること。2つ目は機内サービスが可能な時間が短いこと。3つ目は着陸空港の混雑が予想されることです』というように伝えることがあります。まずポイントが3つあることを伝え、それを短い言葉で表現する。そうすることで、聴き手は頭のなかに3つの引き出しを用意でき、そのなかに一つずつ情報をしま

うことができます。

このように整理して理解することができれば、実際にその場面になったときに必要な情報を取り出しやすくなります。そして結果的に、チームによる適切かつ効果的な業務にもつながるのです」（立岡）

このようなテクニックは、ミーティングなどにおいても有効でしょう。ナンバリングとラベリングを使ってコミュニケーションを行うためには、もちろん事前の準備で情報を精査して要点が整理されていなければいけません。そして、聞き手の視点に立った表現をすることも重要です。

Q 質問力や聴く力を身につけたい

フライトにおけるコミュニケーションでは、**話すことと同じくらい傾聴することも大切**です。相手の話を遮らないこと、相手の質問を促すこと、お互いの理解や納得感を確認していることなど、パイロットは日頃から聴く力を高めるために、さまざまなポイントを意識しています。このような心構えは、部活や授業、勉強においても有効となるはず。自分よりも経験や知識が豊富な人や、自分とは異なる視点を持った人の意見を引き出すことで、より深い学びを得られるからです。

「さまざまな人と対話するなかで『この人は質問が上手だなぁ』と感心することがあります。それは、**質問が具体的で、その背景にある考え方や興味・関心などが伝わってくる**ときです。

たとえば就職活動中の学生さんと接していると『パイロットのやりがいは何ですか？』と質問されることが多いのですが、パイロットの仕事にはさまざまなやりがいがあるので、どんな観点で答えようか迷ってしまい、即答するのはなかなか難しい。一方で『成長という観点でパイロットのやりがいは何ですか？』と具体的に質問してくれる方もときどきいらっしゃいます。この方はおそらく事前にご自身のなかで『パイロットのやりがいとは何だろう？』と自分なりに考えているのだと思います。質問の中身からもパイロットという仕事に何を求めようとしているのか、というその方の考え方がある程度伝わってきます。その方がこちらも話しやすいですし、より深いコミュニケーションができます。また、私が答えた内容を自分の言葉に置き換えて『こういうことですね』と伝えてくれる人も、聴く力があると感じます。それは、フライトにおけるコミュニケーションの〈伝え合う〉という部分にも通ずる点です」（金原）

パイロット訓練生に聞いたノンテクニカルスキル活用法⑤

コミュニケーション／伝える技術・聴く技術 編

この技術を身につけると、日々の生活や仕事などはどう変わっていくのか。実際にコミュニケーションを学んだパイロット訓練生の声をご紹介します。

Voice 01

スキューバダイビングのライセンスを取得する際、バディーとコミュニケーションを取りながら、ともにディシジョン・メイキングをしたことで、着実に不安要素を取り除きながら試験本番に臨むことができた。

Voice 02

ノンテクニカルスキルのコミュニケーションを知っていれば、結論ファーストの議論を大学生のうちから意識できたと思う。時間が制約されているなかで、結論を先に伝える技術を大学生のうちから身につけておけば良かった。

Voice 03

大学院での研究で同期の友人が新しいアルゴリズムを導入しようとしていたが、その実装に苦労していた。私は類似の手法を使用した経験があったので、彼の間違っている点や改善点をわかりやすいようにアドバイスし、彼の研究を手伝った。情報や意見を誤りのないよう明確に伝えるコミュニケーションは、意思の疎通・共有を図るうえでの基本となる技術だと思う。

Voice 04

ボディー・ランゲージや曖昧な言葉を多用するのではなく、主語や目的語、所有格をその都度ハッキリさせるコミュニケーションを徹底させていたら、職場でのミスがより減らせたのではと考えている。

Voice 05

コミュニケーションは地上での仕事でも役に立っており、パイロットになっても役立つことだろう。相手は「わかっているだろう」「きっとこうだろう」といった思い込みは危険因子となる。また、お互いの気持ちを伝えることは、訓練においても大切だと思う。

Voice 06

現在、コールセンター業務を行っているが、お客さまとの電話においても、何かを上司に確認する際においても、コミュニケーションのスキルが必要。結論ファーストでのわかりやすい話し方や、誤解のないよう適宜「確認会話」をすることがとても大切だと感じる。これはコックピット内でも同じだと思う。

Voice 07

言葉での意思疎通を積極的に行うことは、もちろん非常に重要だ。加えて、目をあわせたり、笑顔を作ったり、名前で相手を呼んだり、情報以外の面にも気を遣うことで普段からの情報伝達が容易になると感じる。相手とより良い関係を築くことができれば、日常生活においても協力しやすくなると思う。

Voice 08

ノンテクニカルスキルのコミュニケーションは、社会人生活での商談や会議の場、プレゼンテーションでも役立つと考える。日本語という言語は、相手と読み合いをしながら主語や目的語を省く場合がある。こういった点は、主語を大切にするコックピット内の会話方法で改善できるだろう。

※運航企画部リソース戦略グループ調べ。パイロット訓練生150名のアンケート回答から一部抜粋。

※本書の内容は、2023年8月16日時点のものです。

JALパイロットが実践

ノンテクニカル
スキルの磨き方

最適な行動のための思考術と対人術

2023年 9月26日　初版発行

著者　日本航空

発行者　有本 正

発行所　株式会社JALブランドコミュニケーション
〒140-8643　東京都品川区東品川2-4-11 野村不動産天王洲ビル
電話　03-5460-3971（代表）
https://www.jalbrand.co.jp/

発売元　株式会社KADOKAWA
〒102-8177　東京都千代田区富士見2-13-3
電話　0570-002-008（ナビダイヤル）KADOKAWA購入窓口
https://www.kadokawa.co.jp/

印刷・製本　株式会社シナノパブリッシングプレス

Printed in Japan
ISBN：978-4-04-899343-2　C0030

デザイン　Certo Tokyo
編集協力　吉原 徹
撮影　永田忠彦（P121–128の人物・物）